AF245458

Publications de l'ARMÉE TERRITORIALE

AIDE-MÉMOIRE DE GUERRE

DES OFFICIERS

DU

CORPS DE SANTÉ MILITAIRE

DE RÉSERVE

ET

DE L'ARMÉE TERRITORIALE

PAR LE

Dr A. CHASSAGNE

EN VENTE

AUX BUREAUX DU JOURNAL *L'ARMÉE TERRITORIALE*

12, rue de la Grange-Batelière, 12

—

1888

OUVRAGES DU MÊME AUTEUR

Médecine et Médecins militaires de l'armée française en 1888 (armée active, réserve et armée territoriale), par le docteur Chassagne, in-8º. Paris, Lavauzelle, éditeur militaire, 11, place Saint-André-des-Arts. — Prix .... 1 fr. 50

Aide-Mémoire du Médecin auxiliaire de l'armée, d'après les conférences faites aux étudiants en médecine à douze inscriptions de la Faculté de médecine de Paris, (2e édition), par le docteur A. Chassagne. Paris, Ollier Henry, 12, rue de l'École-de-Médecine. — Prix .... 1 fr. 50

Influence précise de la gymnastique sur le développement de la poitrine, des muscles et de la force de l'homme, par le docteur Chassagne, médecin-major de l'école de gymnastique de Joinville, et le docteur Dally, professeur de l'école d'anthropologie. Paris, 30, rue Dauphine, Dumaine, éditeur militaire. — Prix .... 2 fr. »»

DÉPÔT LÉGAL
Seine
N° 5308
1888

R.F.

AIDE-MÉMOIRE DE GUERRE

DES

OFFICIERS DU CORPS DE SANTÉ MILITAIRE

DE RÉSERVE
ET DE L'ARMÉE TERRITORIALE

PREFACE

Faire un manuel condensé, un livre de campagne, portatif sous petit volume comme le sont les vivres de guerre, du format de la poche du dolman (sa bibliothèque de marche), donnant le maximum d'effet utile avec le minimum d'encombrement et de poids, telle a été notre visée.

C'est un viatique du *Champ de bataille* où ne peuvent suivre ni le gros bagage scientifique ni les traités en mode majeur. Et il ne nous déplaît pas de penser qu'entre les mains de beaucoup de confrères de cœur qui ne s'épargneront pas plus au feu que leurs aînés, ces petites pages pourront être anoblies par une autre poudre que celle des Bibliothèques.

On rencontrera de ci et de là quelques critiques, car nous voudrions ardemment pour notre France le progrès et un mieux au-dessus de nul autre, et nous avons pudeur, plus grande peut-être que de raison, des éloges convenus et gauches, de ce style *officiel* aux admirations obligatoires et de pure surface dont la banalité possède une vertu dormitive *administrative* si rare.

Les livres ne s'en réveillent jamais.

Et il faut être lu. Aujourd'hui, l'armée territoriale avec ses 16 classes, la réserve avec ses 6 classes, vont constituer les 8/10 de l'Armée de France. Parallèlement sur les 8,000 docteurs nécessaires aux corps de troupe et formations sanitaires des 1ᵒʳ, 2ᵉ et 3ᵉ échelons, près de 7,000 appartiendront à ces 22 classes auxquelles leur âge d'homme fait assure une aptitude de guerre exceptionnelle.

Ils seront le grand nombre. Et la qualité ne leur fera pas autrement défaut à eux qui comptent tant de professeurs de Faculté ou d'Écoles mixtes et secondaires, d'agrégés, de médecins d'hôpitaux, de chefs de clinique, voire de savants confrères confinés dans de petites villes, dépassant leur cadre et mis momentanément au-dessous d'eux-mêmes par un théâtre restreint.

Avec ces quelques pages qu'ils s'assimileront sans effort, eux qui ont à leur passé des efforts intellectuels bien autres, ces officiers du Corps de santé militaire auront toutes les notions nécessaires à leur rôle quotidien de guerre.

Cet Aide-mémoire est pour les leur offrir.

Dʳ CHASSAGNE.

Publications de l'ARMÉE TERRITORIALE

AIDE-MÉMOIRE DE GUERRE

DES OFFICIERS

DU

CORPS DE SANTÉ MILITAIRE

DE RÉSERVE

ET

DE L'ARMÉE TERRITORIALE

PAR LE

Dr A. CHASSAGNE

EN VENTE

AUX BUREAUX DU JOURNAL *L'ARMÉE TERRITORIALE*

12, rue de la Grange-Batelière, 12

1888

AIDE-MÉMOIRE DE GUERRE

DES OFFICIERS

DU

CORPS DE SANTÉ MILITAIRE

DE

RÉSERVE ET DE L'ARMÉE TERRITORIALE

TITRE PREMIER

SERVICE DE L'AVANT

PREMIÈRE PARTIE

MOBILISATION

CHAPITRE PREMIER

Droits généraux des médécins.

Départ.— Bons de chemins de fer.— Cheval. — Ordonnance.— Brassards. — Cartes. — Logement chez l'habitant.— Visites d'arrivée — Tenue.— Harnachement. — Caisses à bagages. — Cantine à vivres. — Tableau synoptique (d'après le grade) d'entrée en campagne, Solde, Indemnités diverses, Pensions, Rations de vivres, Fourrages, etc.

Dès affichage de l'*ordre de Mobilisation*, tout officier du Corps de santé de *Réserve* ou de l'*Armée territoriale* se rend avec sa lettre d'avis tenant lieu de feuille de route soit à l'intendance ou bureau de recrutement voisins, et alors on lui remet un ordre de *mouvement rapide* (de couleur violette pour les isolés) auquel sont fixés des bons de chemins de fer qui ne doivent en être détachés qu'aux guichets des gares (seuls ils seraient refusés).

Soit plus pratiquement — comme il y aura grande presse en tous ces bureaux, et qu'il faut arriver dans le délai de la lettre d'avis à la ville de concentration sous pénalité du code de justice militaire — il prend un ticket militaire (1ʳᵉ classe 1/4 de place) et en est remboursé à l'arrivée par l'intendance.

Le tarif par 200 kilomètres à 0,031 est de 6 fr. 20
—   Indemnité fixe. . . . . 5 fr.
—   Indemnité journal. (1 jour) . 5 fr.

Soit 16 fr. 20 couvre amplement les débours qui sont d'une dizaine de francs (maximum).

Dès l'arrivée, l'officier entre en solde (1), est pourvu de cheval (dont le livret est remis au détenteur), d'ordonnance (pris au corps pour le médecin régimentaire parmi les infirmiers pour les formations sanitaires, s'enquérir scrupuleusement du folio de punitions de cet homme de confiance), de brassards, cartes (2), billets de logement chez l'habitant (à la mairie) pour 3 jours pleins, entrée en campagne, etc. Voir tableau synoptique I, p. 7.

Il est indispensable de mentionner ces multiples détails sur lesquels des explications cordiales et explicites seront données par le médecin chef ou les camarades à mesure du besoin.

Dès l'arrivée aussi (*art. 5 du Règlement sur le service des places*), l'officier se présente dans les bureaux

---

(1) Payée à mois échu ; en souscrivant des délégations à l'intendance de départ ou d'arrivée, l'officier peut déléguer à sa famille 1/4 de la solde du grade. (Règlement sur la solde 18 juin 1882, articles 112 à 118.)

(2) Tout officier ou assimilé, quel que soit son grade, a droit à une collection de cartes tactiques (France au 1/80,000ᵉ).

du Commandant d'armes, on lui donne l'adresse du Directeur sanitaire du corps d'armée, du médecin divisionnaire, du médecin chef d'hôpital ou de régiment; en un mot, du médecin local le plus élevé en grade auquel il se présente (1) en reçoit une affectation et entre en service.

En même temps, on lui dit à qui il doit des visites : général Ct du corps d'armée, de division, de brigade, colonel du régiment, médecin-chef, puis le plus ancien du grade auquel il est assimilé. Ne fût-il pas reçu à ce moment de labeur excessif du commandement à tous les degrés, il ne doit jamais faire défaut à ces marques de déférence disciplinée qui sont comme une présentation dans la Famille militaire.

Toutes ces visites se font en tenue de campagne (képi, dolman avec pattes d'épaule noires et giberne, culotte de cheval, bottes) dans l'après-midi de l'arrivée ou au plus tard le lendemain.

Tout médecin de réserve ou territorial doit être muni dès le temps de paix d'un uniforme (2).

Beaucoup de nos camarades préféreront sans doute une galante tenue d'officier (qui peut être portée en temps de paix à toutes les cérémonies officielles, réunions, bals, soirées des fonctionnaires de l'Etat, mariages, conférences, etc.) à des effets de sous-officier gratuits, neufs, mais d'un drap d'une coupe et d'un prestige inférieurs. En tout état de cause, il est à présumer que personne ne se présentera à la troupe en bourgeois et en une autre tenue que celle qui lui assure les honneurs militaires.

On ne saurait trop insister sur l'avantage pratique qu'il y a à arriver avec son uniforme, ses armes, sa *sa-*

---

(1) Autant que possible au Rapport de 9 à 10 heures du matin.

(2) Décision ministérielle du 25 décembre 1886. Tout médecin nouvellement promu devra se présenter en uniforme au Directeur du service de santé de sa région Il lui sera attribué au besoin des vêtements neufs de sous-officier sur lesquels il fera apposer à ses frais les attributs et insignes de grade.

coche (pour cartes, boussole, double décimètre), son *couvert* (timbale, fourchette, cuiller), une pèlerine de caoutchouc pour les averses, une couverture de voyage, son *harnachement* (bride d'ordonnance et licol, selle anglaise avec paire de sacoches sur le pommeau, bissac sur le troussequin).

Tous ces viatiques deviennent l'objet d'une chasse à courre, s'élèvent à des prix fantastiques ou même ne se trouvent plus en pleine concentration par suite du grand nombre de demandes.

La caisse à bagages surtout est introuvable en raison de ses dimensions et de sa légèreté insolites (poids vide 5 k.; 67 cent. de long sur 32 de large et 25 de hauteur), Il sera bon de s'en précautionner dans la proportionnalité du grade (Voir tableau I) ; toute autre caisse ne serait pas reçue à transport.

Pour les cantines à vivres (lourdes de 31 à 34 kil. pour 4 ou 5 officiers, fournies par l'administration), les médecins qui mangent toujours avec l'Etat-major (1) peuvent s'en reposer sur les officiers supérieurs desdits, pour installation plus expérimentée des munitions de bouche sauf à en payer leur part et à remettre leurs bons de vivres (établis tous les 4 jours par le fourrier comme les bons de fourrage ou chauffage) au *chef de popotte* contralisateur, — en général l'officier payeur au régiment. le comptable en formation sanitaire. (Instruction du 17 mars 1882.)

On est couvert de tous ces débours par *l'entrée en campagne*, la solde, prestations et indemnités diverses dont le Tableau I ci-dessous donne un complet aperçu synoptique.

---

(1) La table du médecin-major de 1re classe est celle du colonel.

Celle du médecin de bataillon (major de 2e classe ou aide-major) est la table du chef de bataillon.

En *formation sanitaire* (ambulance, hôpital de campagne, d'évacuation, etc.,) il sera pratique de faire table commune, le nombre des officiers étant restreint et cette réunion quotidienne prêtant à d'utiles communications de service.

TABLEAU I

	Principal de 1re cl.	Principal de 2e cl.	Major de 1re cl.	Major de 2e cl.	A.-Maj. de 1re cl.	A.-Maj. de 2e cl.	Médecin auxiliaire.
Entrée en camp.[1]	1.500	1.200	1.000	700	500	500	Celle d'adjudant
Solde (par jour)....	24	19.70	16.60	10	7.30	7.10	2.57
Indemnité pr pertes d'effets à 'ennemi.[2]	800	700	600	500	400	400	»
Nomb. de rations de vivres[3]	3	3	3	2	1 1/2	1 1/2	»
Nomb. de chevaux et rations de fourrages[4]..	2	2	2	1	1	1	»
Caisses à bagages	4	3	2	1	1	1	Une pr deux[5]
Indemnité journalière en							

(1) L'entrée en campagne est acquittée le 2e jour de la mobilisation.

(2) L'indemnité pour chevaux tués à l'ennemi n'est que de 450 fr. et fort peu représentative de la valeur réelle.

(3) La ration de vivres de campagne est de pain 750 gr., viande fraîche ou bœuf salé 300 gr., café 16 gr., sucre 24 gr., vins 0.25 cent. Cette ration peut subir des substitutions ou augmentations suivant les lieux ou fatigues et sur l'ordre du ministre ou du général commandant d'armée. (En Allemagne : ration de guerre, pain 750 gr., viande fraîche 500 gr.).

(4) La ration de fourrages (pour chevaux arabes monture des médecins, note ministérielle du 17 août 1887) est de : avoine 4 k. 500, foin 3 k., paille 2 k.

(5) L'élève d'administration et l'interprète auxiliaire ont droit à une caisse à bagages chacun ; il paraîtra peu juste de n'en attribuer qu'une pour deux au médecin auxiliaire deux fois bachelier et pourvu de douze inscriptions de doctorat.

	Prin-cipal de 1re cl.	Prin-cipal de 2e cl.	Major de 1re cl.	Major de 2e cl.	A.-Maj. de 1re cl.	A.-Maj. de 2e cl.	Médecin auxiliaire.
Algérie [1]	1.35	1.35	1.35	1.05	1.05	1.05	»
Indemnité d. Paris.	4.60	4.45	3.75	2.55	2.30	2.30	»
Pensions de retraite pr blessures ou infirmités :							
Maxim...	7.200	6.000	4.800	3.960	3.000	2.760	»
Minimum	4.500	3.700	3.000	2.300	1.700	1.500	»
Pens. de veuves et d'orphelins, 1/2, [2]...	3.000	2.500	2.000	1.650	1.250	1.150	»
Pens. de veuves et d'orphelins, 1/3, [3]...	2.000	1.667	1.333	1.100	850	787	»

Il est très pratiquement utile en campagne de connaître tous ces détails qui constituent les *droits* des officiers du Corps de santé militaire après mobilisation.

Voyons leurs *devoirs*.

---

(1) Mention est faite des indemnités en Algérie-Tunisie et dans Paris parce que ces garnisons seront vraisemblablement celles d'un assez grand nombre de médecins territoriaux.

(2) Veuves d'officiers morts par événements de guerre ou des suites de blessures.

(3) Veuves d'officiers morts par suite de maladies contagieuses ou endémiques.

Dans les deux cas après décès de la veuve la pension se continue aux enfants jusqu'à majorité du plus jeune.

CHAPITRE II

Devoirs généraux.

Nécessité de la discipline. — Corps d'armée. — Médecin directeur de corps d'armée. — Armée. — Médecin directeur d'armée. — Salut, appellations, formules de correspondance. — Propositions pour l'avancement. — Légion d'Honneur. — Décorations étrangères. — Punitions. — Hiérarchie. — Insuffisance numérique des cadres du Corps de santé.

Notre vie publique largement égalitaire prédispose peu à l'acceptation d'inégalités indiscutables. Il faut cependant qu'à l'armée l'obédience soit absolue et de dogme, que la discipline demeure tyrannique pour la victoire — qu'elle ait non seulement le dernier mot, mais seule la parole.

Les hautes études de nos distingués confrères de l'Armée territoriale et de la Réserve ne sont pas pour leur faire perdre de vue les nécessités de cet état social neuf et momentané qui en liant toutes les activités en faisceau peut seul donner le succès.

En Allemagne le respect du chef se double de l'esprit de caste; chez nous, où ce levier a disparu sans laisser de regret, il faut, pour obéir, une idée mieux frappée et pour ainsi dire plus subjective du devoir, qu'après tout, l'esprit surélevé par l'aiguisage du travail est digne de concevoir mieux que d'autres.

Le médecin-chef de régiment, d'ambulance, d'hôpitaux de campagne, d'évacuation, de lignes d'étapes, de toutes les *Formations sanitaires* que nous étudierons plus bas ont des droits égaux (car quel que soit leur grade ils personnifient ce levier décisif : le Commandement) à une subordination sans restrictions ni marchandage.

Ce sont eux qui ont l'initiative des propositions de tout genre pour l'avancement, la Légion d'honneur, les décorations étrangères. Ces propositions sont centralisées, pondérées et annotées par le Directeur du service de santé du corps d'armée, la cheville ouvrière et pour ainsi dire l'œil du service.

Un *Corps d'armée* unité mixte, pouvant se manier, se mouvoir et combattre isolément, est composé de :

2 divisions d'infanterie qui en sont le noyau résistant et comme l'ossature (8 régiments d'infanterie et 1 bataillon de chasseurs);

1 brigade de cavalerie, 1 brigade d'artillerie, divisée en plusieurs *abtheilung* ou groupes de batteries 1 bataillon du génie, 1 escadron du train, 1 section d'infirmiers, 3 sections de télégraphistes, 1 section de secrétaires d'état-major et ouvriers d'administration, 1 légion de gendarmerie fournissant la prévôté.

Il y a 19 corps d'armée (le 19e en Algérie), correspondant à 19 régions, chacune sous les ordres du général de Corps d'armée disposant de l'entité des forces militaires régionales. Le directeur du service de santé du corps d'armée reçoit ses ordres au rapport ou par le chef d'état-major, est responsable vis-à-vis de lui de l'exécution du service et marche avec le quartier général. Il a auprès de lui un personnel d'exécution composé de 2 médecins du cadre, 1 pharmacien, 1 officier d'administration, 2 commis aux écritures. (Tableau A).

Une *Armée* est une réunion de Corps d'armée (en général de 3 à 5) et de même que le général de corps d'armée reçoit les ordres de général d'armée de même le médecin-directeur de corps d'armée, (en général un principal de 1re classe) reçoit les ordres du médecin-inspecteur directeur d'armée; mais en pratique une latitude judicieuse de manœuvre est laissée à ces inférieurs-supérieurs.

Le service médical ne peut que gagner à ne pas être vu de trop haut, ce qui peut être aussi de trop loin.

En fait, le directeur sanitaire de corps d'armée est — surtout en campagne — l'unité directrice essentielle; ailleurs, il n'y a guère que des organes de transmission; c'est à lui qu'échoit la responsabilité et qu'il faut l'initiative pour l'installation, le relèvement et la mobilité sanitaires, la prophylaxie épidémique, les réapprovisionnements, réquisitions, improvisations de matériel.

Il tient les contrôles et livrets matricules du personnel, un journal des marches et opérations (modèle n° 1) et un carnet de correspondance.

Un petit nombre seulement de médecins territoriaux ou de réserve (bien qu'on ne puisse limiter les fortunes de guerre) devant exercer ces fonctions délicates et de périlleuse altitude, nous n'insistons que pour bien souligner l'importance d'un rôle auquel est due une respectueuse déférence.

Ce respect a des marques extérieures, qui sont le salut, les appellations, la formule de correspondance, etc. Le *salut* à pied ou à cheval, quel que soit le grade (*service intérieur, art. 219*), consiste à porter la main droite ouverte, la paume en avant, au côté droit de la visière du képi, en regardant la personne qu'on salue. Le salut est dû au passage à tout supérieur et à tout drapeau ou étendard de régiment.

On y a droit de la part de tout inférieur. Tout sous-officier, caporal ou soldat, s'il est assis, se lève et prend la position militaire ; s'il est armé du fusil, porte ou présente l'arme (officiers subalternes ou supérieurs).

Il importe d'exiger strictement les marques extérieures de respect des infirmiers qui s'améliorent depuis la direction médicale, mais qui n'ont pas toujours été d'une discipline exacte.

La correspondance a été débarrassée des nombreuses formules graduées d'autrefois, et voici sa teneur plus sobre en toutes circonstances :

« *Le médecin-aide-major de 1re classe (Réserve ou Territoriale) à M. le médecin-major de 1re classe du 10e régiment d'infanterie.*

« Monsieur le médecin-major,

« J'ai l'honneur, etc. »

Signer sans formule ni indication de grade.

On dit en effet, dans le corps de santé, *Monsieur* (1),

---

(1) L'appellation de « Monsieur » est spéciale aussi aux fonctionnaires de l'Intendance, du Contrôle, aux grands dignitaires militaires gouverneurs de Paris, de Lyon, ou de forteresse, enfin au supérieur de tous, le Ministre de la guerre. Pour les autres grades, on dit : « Mon capitaine, mon colonel, mon général, » etc.

en faisant suivre du grade — principal ou major — sans désignation de classe.

Le supérieur parlant à un inférieur l'appelle par son grade, en ajoutant le nom s'il le juge à propos. (*Service intérieur, art. 225.*)

Tout militaire peut être puni par un militaire de grade supérieur au sien, quelle que soit l'arme ou le corps de celui-ci. Toutefois, dans les régiments, le major de 1ʳᵉ classe ne peut être puni que par le colonel ou le lieutenant-colonel, le major de 2ᵉ classe ou aide major que par les officiers supérieurs, mais ils peuvent l'être de grade à grade dans toute la hiérarchie médicale (*Service intérieur, art. 302*).

Ces punitions sont très rares en pratique et le plus souvent remplacées par des observations et réprimandes en particulier ou publiques, qui doivent suffire entre gens de respectabilité.

Tous ces détails ne sont que d'une puérilité apparente; ils préviendront beaucoup de froissements, de tiraillements non intentionnels, de fausses routes involontaires.

Ils sont d'autant plus indiqués en l'espèce que parmi les médecins de réserve ou territoriaux, fort peu ont fait un stage qu'on semble dispenser avec une libéralité relative aux officiers d'administration et de l'intendance.

La *hiérarchie médicale* comprend 6 grades d'officier, du sous-lieutenant au général de division.

Cette montée en grade du Corps de santé est toute moderne et le fruit de longues luttes. Sans doute, *Paré, Anel, J. L. Petit, Garengeot, Sabatier, Colombier, Percy* sont des ancêtres qui font figure, surtout quand on peut leur ajouter en ce siècle *Larrey, Desgenettes, Bégin, Sedillot, Michel Lévy.*

Mais il est de stricte justice de citer auprès d'eux les grands esprits doublés de grands cœurs, les militants honnêtes qui ont amené et parachevé à leurs risques l'Autonomie qui, pour ainsi dire, ont fait le lit facile des générations présentes.

Baudens, Gama et surtout *Chenu.*

TABLEAU II

Nombre, insignes et correspondance de grade des Officiers du Corps de santé

	1° MÉDECINS (Collet et parement de dolman, bandeau du képi velours cramoisi)			2° PHARMACIENS velours vert			
	Armée active	Réserve	Armée territ.	Réserve	Armée territ.	Insignes	Corresp. de grade
Médecin auxiliaire (1)	»	»	»	»	»	Gal. d'adj.	Adjud.
Aide-m. de 2e cl.	100	804	1.859	144	273	1 galon d'or.	S.-lieut.
Aide-m. de 1re cl.	250	116	834	9	77	2 gal. d'or..	Lieut.
Major de 2e cl...	463	8	147	1	15	3 gal. d'or..	Capit.
Major de 1re cl..	293	3	97	»	10	4 gal. d'or..	Comm.
Princip. de 2e cl.	45	1	16	»	2	5 gal., le 2e et le 4e d'argent	L.-col.
Princip. de 1re cl.	39	3	24	»	2	5 gal. d'or..	Colonel.
Inspecteur...	9	»	»	»	»	Tunique, képi et ceinture de........	G. de br
Inspect. génér..	1	»	»	»	»	Tunique, képi et ceinture de........	G. de div.
Totaux	1.205	934	2.977	154	379		

Ce Tableau synoptique (Annuaire 1887) prête à plus d'une réflexion. D'abord les 144 majors de 1er classe et

---

(1) Aucun règlement ne dit si le médecin auxiliaire, qui porte le costume d'adjudant, en recevra le sabre, le revolver et les 18 cartouches. Dans les *formations sanitaires*, costume d'élève d'administration toujours avec les insignes et attributs du Corps de santé.

principaux de réserve ou territoriaux, toute la tête, presque tous retraités par *limite d'âge*, oscillent entre 59 et 65 ans, il est à craindre que leur activité trahisse leur extrême bon vouloir, surtout quand à titre de direction impulsive cette activité doit être fébrile.

Ensuite nous ne trouvons qu'un total général de 5,116 médecins quand, en 1870, les Allemands en ont mobilisé 7,025 avec des effectifs très inférieurs à ceux des guerres de demain (1).

Cela surtout doit frapper, car la disproportion étrange entre les 2,793 lieutenants et sous lieutenants territoriaux et les 147 capitaines (1 pour 19 lieutenants) tend à disparaître ; elle était le fait d'un Directeur nommé trop *au choix* qui craignait un peu la science comme on redoute l'inconnu et y voyait un synonyme d'indiscipline.

On a dû le *choisir* pour des fonctions plus réduites.

Nous croyons, nous, que les savants français sauront faire leur devoir.

CHAPITRE III

Service régimentaire de garnison.

Arrivée des soldats territoriaux. — Visite d'incorporation. — Réforme. — Revaccination. — Place de marche, de revue et de défilé des médecins régimentaires. — Service extérieur. — Marches d'épreuve. — Cible. — Baignade. — Infirmerie régimentaire. — Personnel. — Matériel. — Locaux. — Bibliothèque. — Visite des malades. — Simulations habituelles. — Registres. — Etats. — Correspondance. Instruction des brancardiers. — Conférences d'Hygiène militaire au corps d'officiers.

Des 19 corps d'armée territoriaux correspondant aux 19 régions, on ne peut prédire combien resteront à l'intérieur ou, plus heureux, passeront en 1re ligne ; toutefois, avant d'aller à l'avancée, à l'ennemi, tous les régi-

---

(1) Officiers et soldats en France, 1,146,355 ; restés en Allemagne, 348,107 ; au total 1,494,462. (Ouvrage du grand état-major prussien.)

ments devront médicalement se suffire ; il faut donc des notions sommaires, mais de précaution utile, sur le service régimentaire du pied de paix.

A l'arrivée des hommes les médecins territoriaux (qui, vu la rareté regrettable des stages, n'auront qu'une expérience de lecture) devront visiter, incorporer et se préoccuper de plusieurs réformes. Sans doute le gros des infirmes est arrêté à la visite de mise en route, mais l'expérience montre qu'à tout appel nombre de cas filtrent jusqu'à la caserne. Il faut donc en prévoir et visiter ces *re*-conscrits avec soin avant habillement ; il serait oiseux d'armer, surtout en guerre où toute dépense doit aboutir à une force vive, des soldats-papier ou non-valeurs.

On les présentera de suite à la *Commission de réforme* (1) (en cas de départ rapide, ils seraient versés non habillés au petit dépôt et utilisés jusqu'à renvoi pour les corvées de quartier).

De suite aussi le régiment sera revacciné avec précaution et des résultats constatés un rapport sera adressé au directeur de santé territorial du Corps d'armée.

Il y aura vraisemblablement et au plus tôt des marches d'épreuve, défilés et revues de ces troupes nouvelles. Le médecin y prendra sa :

1° *Place de marche* (ou en colonne), la même que pour les marches de guerre. V. p. 22.

2° *Place de revue* (ou en bataille) à 20 pas derrière la gauche du bataillon, les infirmiers 4 pas plus en arrière.

3° *Place de défilé*. Les médecins réunis sur un rang à six pas en arrière de la dernière compagnie, à 4 pas en avant des médecins auxiliaires, ceux-ci à égale distance des infirmiers. Pour l'artillerie et la cavalerie, à la droite des vétérinaires, à 4 pas en arrière du dernier peloton ou caisson, les porte-sacoches derrière eux.

---

(1) Ces commissions qui exigent 5 médecins, réforme nᵒˢ 1 et 3 par réforme nᵒ 2 pourraient être simplifiées en cas de presse.

On peut diviser le service médical régimentaire en :

1º *Service extérieur* ou *accidentel* (aide-major), marches, tir à la cible, baignades, appels à la caserne de jour ou de nuit pour accidents (S. P. art. 74)

2º *Service intérieur* ou à la caserne (médical et de bureau), fait par le médecin-major chef de service. La partie la plus importante et d'expérience de ce service est la *Visite des malades* à l'infirmerie.

L'*Infirmerie régimentaire* (créée en 1839), isolée et indépendante (dans les quartiers système Tollet), isolée mais attenante (système 1874 de Rivière), non isolée et communiquante dans la plupart des vieux casernements, est instituée pour traiter au corps à moindres frais les maladies (dont il existe une nomenclature-guide) n'exigeant pas l'hospitalisation.

Il y a une infirmerie par régiment et une infirmerie diminutif, mais avec mêmes devoirs, registres, états et correspondance par bataillon ou par deux escadrons détachés (art. 37 et 38, Service de santé à l'intérieur).

Personnel d'exécution : 1 maréchal des logis dans l'artillerie, uu caporal ou brigadier, infanterie ou cavalerie, responsables de la discipline et de l'exécution technique avec 1 infirmier porte-sac par bataillon (art. 73).

Matériel. — Il peut être divisé en :

1º Matériel de *pied de guerre* ou *de mobilisation*, chargement des 3 voitures médicales régimentaires, à ne diminuer en aucun cas et simplement entreposé, plus 1 rouleau de secours par bataillon, suivant le régiment en toute marche de paix ou de guerre (1).

2º Matériel du *pied de paix* ou *de garnison*, comprenant :

Le *sac d'ambulance* (2) porté à dos d'homme infanterie,

---

(1) Peignoir à capuchon en molleton pour réchauffer, 1 morceau de flanelle et 2 moufles en crin pour frictions révulsives (insolation, submersion, etc.).

(2) Le sac d'ambulance vient d'être remplacé récemment pour le service de guerre (11 février 1837), par l'équipement d'infirmier régimentaire, havre-sac modèle 1882 avec 2 cartouchières à passants métalliques aménagés en cartouchières médicales (iodoforme, acide phénique, sulfate quinique), etc., valeur 22 fr. 16.

génie (poids 9 k. 850, 38 pansements, boîte d'instruments n° 23); les *sacoches d'ambulance* 11 k. 350, composition identiques portées sur le devant de la selle par le cavalier porte-sacoche (artillerie et cavalerie).

3° Plus divers médicaments usuels dont les toxiques en des compartiments fermant à clef; une *Bibliothèque* composée du *Recueil de médecine militaire*, du *Formulaire pharmaceutique*, de *la Statistique médicale* et du *Recrutement*, de diverses instructions pratiques, des Règlements du Service de santé à l'intérieur et en campagne, tous documents fort utiles pour l'adaptation plus rapide des docteurs territoriaux à une pratique nouvelle.

La visite se fait le matin à l'heure fixée par le colonel du régiment (art. 6, S. I.).

Les sergents de semaine porteurs du cahier de visite avec renseignements, *punis* ou non (1), amènent les malades de leur unité (compagnie, escadron, batterie).

Sur ce cahier le médecin inscrit : 1° Les exemptions de tout service (le plus souvent), quelquefois de marches militaires, de bottes (excoriation);

2° L'entrée à l'*infirmerie* (registre et cahier de visite de l'infirmerie, autant de pages qu'il y a de lits) ou à *l'hôpital*; alors sur le talon d'un billet imprimé, il mentionne la maladie, sa date, les soins déjà donnés, et si le malade entre le *jour même* à l'hôpital (exceptionnel), l'indication *d'urgence*.

MALADIES MILITAIRES HABITUELLES.

Hiver	Eté	En tout temps (Mais surtout à l'arrivée des recrues)
Fièvres éruptives	Diarrhée	Excoriations
Angine	Embarras gastrique	Furoncles
Bronchite	Fièvre typhoïde	Eczémas
Pleurésie	Dysenterie	Panaris
Pneumonie	Cholérine (assez rare)	Contusions
Rhumatismes		Enfin Vénériens

(1) La permanence de ce cahier permet au médecin de reconnaître les hommes qui se sentent plus périodiquement indisposés les jours de manœuvre.

dont la turbulence sera plus spécialement surveillée (1).

Simulations habituelles. — En même temps que les malades vrais, se présentent quelquefois à la visite (en paix comme en guerre) de faux malades, *hospital-birds* des Anglais.

Leurs maladies de choix sont le lumbago et la sciatique (1ᵉʳ choix).

Puis viennent la fièvre provoquée en se frappant violemment le coude (examen du pouls des deux bras et de la temporale), l'embarras gastrique (couche de plâtre, de craie ou de brique pilée sur la langue, — laver), la diarrhée (isoler et faire donner un baquet spécial), l'incontinence d'urine, etc.

L'abolition du remplacement, le recrutement régional où tout le monde se connaît, ont fait diminuer le nombre des simulateurs et moralisé d'autant la jeune armée qui voit un devoir civique dans les fatigues.

Les locaux ou *Casernement* de l'infirmerie comprennent en général : 1 salle de visite, 1 tisanerie, 2 ou 3 salles de malades séparés en blessés, — fiévreux, — vénériens, 1 salle de bains et 1 *salle de convalescents*, créée en 1842 et destinée à adoucir pour les sortants d'hôpital la transition de l'alitement à l'activité des manœuvres.

Service de bureau. — Ce n'est pas, hélas! le moins chargé, il n'y a pas moins de 12 registres à l'infirmerie.

Outre ceux d'*hôpital*, *infirmerie* et *chambre*, qui ont des mutations presque quotidiennes, il faut tenir à jour les registres : 4° de *vaccinations*; 5° d'*incorporation*, important au point de vue ethnique, du rapport de la taille au périmètre thoracique et au poids; 6° des *convalescents*; 7° des *décès*; 8° des *catégories*; 9° des *médicaments*; 10° des *prescriptions médicamenteuses* et de l'*ordinaire quotidien*; 11° et 12° de *correspondance* et de *conférences*, enfin un des plus nécessaires et des plus humains, celui des *Blessures de guerre*, espèce de carnet

---

(1) L'adjudant de semaine fait au moins une visite par jour à l'infirmerie, et inopinément des contre-appels de nuit qui ne restent pas toujours sans résultats.

médical du temps de paix qui sert à établir les droits à la pension des pauvres mutilés en *service commandé.*

Tous ces registres, cotés et paraphés par le major (art. 68), sont signés mensuellement ou trimestriellement par le lieutenant-colonel chargé spécialement de la direction de l'infirmerie. Tous les états, bons, propositions, permissions, toutes demandes de personnel ou matériel doivent passer par lui pour arriver au chef de corps (*Voie hiérarchique*).

Le médecin-chef fournit en outre : *tous les matins,* au rapport, un état numérique des malades (chambre, infirmerie, hôpital).

Les 1er, 11 et 21 de chaque mois (tous les 5 jours en temps d'épidémie), un état modèle 22 (généralement affiché dans les infirmeries) au Directeur de santé (actif ou territorial) du corps d'armée.

Tous les mois, un état statistique des malades à la chambre, infirmerie ou hôpital, chiffre extrait des registres de même nom.

Tous les 3 mois, à l'intendant du corps, un bon de médicaments et de matériel d'après une nomenclature officielle de réapprovisionnement.

En plus le médecin-chef est chargé de l'instruction théorique et pratique des 52 brancardiers régimentaires (48 soldats, 4 gradés) et de faire aux officiers des conférences sur l'*Hygiène militaire* (art. 77, service intérieur). Cet enseignement sera d'autant mieux le bienvenu que les officiers de réserve ou territoriaux auront été en général peu rebattus de ces leçons nouvelles ; leur utilité s'accroît à la mobilisation par les encombrements d'effectif, les fatigues, la vie en commun, toutes causes morbides et agressives dont il faut prévenir l'enveloppement.

On trouvera le Commandement toujours très ouvert à des propositions d'Hygiène progressiste, qui se traduisent par une conservation plus grande de la vie de ses hommes.

DEUXIÈME PARTIE

CONCENTRATION A LA FRONTIÈRE

FORMATIONS SANITAIRES
DU CORPS D'ARMÉE

—

CHAPITRE IV

Service régimentaire de bataille. — Poste de secours.

Ordre de mouvement. — Embarquement en chemin de fer. — Les médecins en marche. — Colonne de régiment de division et de corps d'armée. — Cantonnement. — Improvisation de l'infirmerie de route. — Les médecins au bivouac. — Les médecins au feu. — Poste de secours. — Personnel. — Matériel. — Installation. — Fonctionnement. — Tableau du personnel et matériel des corps de troupe en campagne. — Rapports. — Carnet médical. — Certificats d'origine de blessures.

A mesure de la centralisation de ses unités le Corps d'armée, qui exige de 102 à 106 trains et auquel une voie même double ne peut en fournir que 36 en 24 heures, s'embarque pour l'Est ! Les médecins des 3 ambulances (divisionnaires et du quartier général), les médecins des 6 hôpitaux de campagne attelés partent avec leurs formations sanitaires.

Les médecins des régiments (actif ou territorial) suivent leurs bataillons auxquels il faut un train entier — maximum 50 voitures non compris le tender et la locomotive, vitesse 30 kil., les officiers en 1re classe au centre du train, flanqués de la troupe ; celle-ci des équipages et bagages occupant les voitures de tête et de queue (1).

---

(1) Nombre de trains : bataillon 1, escadron 1, batterie 1, ambulance divisionnaire 1, ambulance du quartier général et de brigade de cavalerie 1, hôpital de campagne 1/2, boulangerie de campagne, *trois*.

TABLEAU III

Personnel et matériel sanitaire des Corps de troupe en campagne.

	Cadre actif.		Réserve.							
	Médecin major	Aide-major	Aide-major	Médecins auxiliair.	Infir—miers	Bran-cardiers	Musettes de pansement	Bidons	Voitures médicales régiment.	Voitures d'ambulance à 2 roues
Régiments de ligne (1), zouaves, turcos, légion..	1	1	1	3	12	52	30	60	3	»
Chasseurs à pied.	1	»	1	»	4	17	10	20	1	»
Cavalerie........	1	»	»	»	4	»	4	8	1	2 (2)
Abtheilung de 4 batteries divisionnaires (3)...	»	1	»	1	4	17	10	20	1	»
1er groupe de batteries de corps.	1	»	»	1	4	17	10	20	1	»
2e groupe de batteries de corps.	»	1	»	1	4	9	6	12	1	1
Réserve de 8 batteries..........	1	1	»	2	8	34	20	40	»	»
Réserve de 6 batteries..........	1	1	»	1	6	25	15	30	2	»

(1) Même personnel de médecins territoriaux pour les troupes territoriales.

(2) Brancardiers remplacés par deux voitures légères pour transport des blessés.

(3) Il est question d'adopter le groupement (*Abtheilung*) allemand qui est *ternaire* ou de 3 batteries.

Dès reçu de l'ordre de *mouvement*, le colonel (ou le médecin-chef de formation sanitaire) désigne un officier dit de *chargement* qui s'abouche avec le chef de gare et revient avec les voitures médicales, bagages, chevaux et mulets une demi-heure avant l'arrivée du bataillon qui doit être en gare lui-même une heure avant le départ (une heure et demie pour la cavalerie, deux heures pour l'artillerie et les ambulances).

On compte 10 places de voyageurs pour 8 soldats. Les wagons à marchandises sont intégralement mis au plei n de la taxe en hommes inscrite sur leur paroi (32).

A l'arrivée, le bataillon débarqué en une demi-heure (trois quarts d'heure cavalerie, une heure et demie artilerie et ambulances), évacue la gare pour se former au dehors et cantonner.

La marche vers l'ennemi va commencer (1).

Les médecins en marche. — C'est d'abord une marche en *colonne de régiment* (3 bataillons avec 12 mulets et 7 voitures, longueur 1,400 mètres) ; à cette heure de sécurité on utilise toutes les routes, le front du corps d'armée est large, il va se resserrer aux approches de l'ennemi. Le médecin aide-major (actif ou réserve) chevauche à la gauche de son bataillon en avant de son médecin auxiliaire, du porte-sac, des infirmiers et de la voiture médicale (art. 60).

Derrière la dernière compagnie du régiment vient le major de 1re classe, avec personnel et matériel identiques, plus une voiture d'ambulance à 4 roues (prêtée journellement par l'Ambulance divisionnaire et la rejoignant aux premiers coups de feu), où montent uniquement sur sa désignation (art. 61), les malades et éclopés (2) dont

---

(1) Ne pas imposer une longue marche le jour du débarquement (Service intérieur, art. 359).

(2) 11,421 plaies de marche en 1870-71 (Chenu). Le docteur Dafner Stabzartz, de l'armée bavaroise, a observé, pendant le siège de Paris, 9,26 0/0 de blessures de marche dans un bataillon qui marchait peu. — 9,937 cas pendant la guerre de Bosnie.

On ne saurait trop prévenir ces ampoules, brûlures du pied par le frottement, insignifiantes d'elles-mêmes, mais importantes au point de vue du travail utile d'une Armée

quelques-uns, soulagés de leur sac, marchent *par quatre* devant l'omnibus.

L'infanterie (et c'est invariable pour toute marche de guerre) n'occupe que le côté droit de la route (4 hommes de front), laissant la gauche libre aux batteries appelées en avant, estafettes, officiers d'ordonnance qui peuvent ainsi galopper la longue colonne de bout en bout.

C'est que près de l'ennemi l'allongement s'est fait à mesure que le front s'est rétréci.

Dès la 2e ou 3e *marche* (en général 4 jours de marche et 1 jour de séjour), le régiment, que l'isolement compromettrait, prend son rang dans une longue mais plus sûre colonne de 15 kilomètres, la *colonne de division*. Les médecins de régiment suivent comme ci-dessus et identiquement leur unité tactique, mais l'ambulance divisionnaire et son personnel viennent prendre leur place de *marche*.

Une section d'ambulance (1 médecin, 4 voitures, 10 mulets, 100 mètres de longueur routière) marche avec l'avant-garde qui précède le gros de 1,500 mètres. A la suite du 4e régiment de leur division marchent les cinq autres médecins avec le gros de cette même ambulance (17 voitures, 23 mulets).

Par exception, quand il n'y a pas de voies parallèles, le Corps d'armée lui-même s'avance sur une seule route. Elle a dès lors 35 kilomètres cette *colonne de Corps d'armée*, lente, lourde, fatigante, car la vitesse diminue avec l'allongement.

Il y a dans ce cas à l'avant-garde qui précède le *gros* (de 2 kilomètres) une section d'ambulance plus forte avec 20 mulets, 7 voitures et prolongement, de 150 mètres ; les ambulances des 1re et 2e division à la gauche de leurs divisions respectives ; l'ambulance du quartier général avec son personnel fort loin en arrière vers le 16e kilomètre en tête des trains régimentaires (1) ; les médecins de corps constamment à la gauche de leurs unités respectives.

---

(1) Cette ambulance, par sa place d'arrière en colonne, son personnel et son matériel renforcés (7 médecins, 27 voitures), joue un rôle de réserve et de renfort médical.

Toute cette longue colonne n'est, en effet, que la juxtaposition des colonnes de régiment et des diverses armes.

Mais la marche *par division* sur une seule route, la plus avantageuse pour combattre, demeurera la plus fréquente. Vitesse : celle de l'infanterie, 4 kilomètres à l'heure (l'heure est celle du quartier général), avec haltes horaires de 10 minutes.

En arrivant au *Cantonnement* (1) (et tout se passe identiquement, sur une échelle plus restreinte, pour le régiment, les voitures médicales représentant les voitures d'ambulance, l'infirmerie de route, l'ambulance elle-même), l'état-major s'établit en général à la mairie (point central).

Un ordre, immédiatement communiqué par les fourriers, dit le lieu de rassemblement en cas d'alerte, l'heure de visite des malades, celle des évacuations, etc. Une affiche bien en vue sur la grande place précise, entre autres détails, l'emplacement de l'ambulance, le logement des médecins ; la nuit, une lanterne est fixée contre cette affiche.

Dès l'arrivée les médecins de régiment installent avec du *bois*, de l'*eau* et de la *paille*, ces trois rudiments de l'hospitalisation de guerre, une Infirmerie d'improvisation logée dans les maisons d'école, halle ou édifice public. La visite est passée avec ou sans sonnerie, suivant proximité de l'ennemi ; le soir les malades sont évacués sur l'ambulance où l'on a fait de même en plus grand et d'où l'on a évacué sur l'hôpital de campagne, le soir aussi, pour ne pas entraver par survenue tardive le départ du matin suivant.

Tout déchet du régiment, tout départ de l'ambulance sont respectivement inscrits par les médecins-chefs d'ambulance ou de régiment sur leurs *carnets médicaux* (modèle 3, article 31), qui font souche, avec

---

(1) Tous les trois ans est dressé un état de cantonnement dont extrait est laissé dans chaque mairie. La zone de cantonnement du Corps d'armée est d'un front de 10 kilomètres de façon à ce qu'il puisse se rassembler en une demi-journée.

date, cause d'évacuation, diagnostic, date de rentrée au corps. Il y a là un dossier précieux et probant dans sa concordance pour le CERTIFICAT D'ORIGINE DE BLESSURES (1).

Les médecins au bivouac. — L'ennemi est au contact, c'est le *bivouac* pour le bataillou ou le régiment.

L'instruction du 9 mai 1885 n'y mentionue pas d'infirmerie ; il ne s'agit, en effet, que d'une nuit à l'avancée pour les hasards de laquelle on laissera le plus d'impedimenta derrière soi.

Le bivouac est par bataillon déployé (front 340 mètres), en colonne double (140), ou par régiment en colonne double, front 140, déployé 1,065 m. Dans les deux cas, la place des médecins est la même, l'aide-major de bataillon à 10 mètres en arrière des officiers de compagnie à la gauche et sur l'alignement du chef de bataillon. Le major de 1ʳᵉ classé à 10 mètres plus en arrière, de même à la gauche et sur l'alignement du lieutenant-colonel.

Il y a peu de chances de surprise de nuit ; on est couvert en avant à près de deux kilomètres par quatre parallèles de sûreté dans cet ordre d'échelonnement : sentinelles doubles, petits postes, grand'garde et réserve de grand'garde, en plus, des patrouilles faisant la navette entre ces mailles.

De jour la cavalerie pousse le plus loin possible ses vedettes d'exploration, de sorte qu'il y aura toujours avertissement de fusillade et loisir relatif pour installer :

Les médecins au feu. — Le *Poste de secours* (Verbandplatz des Allemands)

Le *personnel* technique régimentaire est de 3 doc-

______

(1) Ce certificat est la base de toute pension de retraite, réforme, gratification renouvelable ou même secours ; c'est le pain pour les mutilés.

On devra y apporter la plus consciencieuse et cordiale attention. Par note ministérielle récente (31 janvier 1887), le Conseil d'administration du corps doit non seulement légaliser la signature des trois témoins, mais confirmer l'exactitude des faits relatés pour leur donner un plus grand caractère d'authenticité.

teurs, dont 1 aide-major de réserve, et de 3 médecins auxiliaires, — soit 1 officier et 1 adjudant médical par chacun des 3 bataillons.

Le personnel d'exécution et de transport comprend 12 infirmiers et 52 *brancardiers*, qui au premier coup de feu quittent leurs compagnies pour devenir troupe sanitaire, posent leurs sacs près des voitures médicales et le fusil en bandoulière (art. 64), partent en sections sous la conduite de leurs quatre gradés, — enfin les musiciens (1).

Le *Matériel* se subdivise en : 1° *Matériel de la Ligne de feu* comprenant les *Musettes de pansement* (30 par régiment à 12 pansements chacune), contenant 1 pelote compressive de Larrey, bandes ruban de fil, charpie antiseptique 100 grammes, 2 écharpes.

Plus 60 bidons de 1 litre recouverts de drap bleu avec croix rouge ; c'est le *viatique* des brancardiers qui feront toujours boire le blessé pour éteindre une nervosité fébrile.

Et 2° *Matériel du Poste de secours* porté par les 3 *voitures médicales* régimentaires.

Le chargement de chaque voiture médicale (800 pansements) comprend deux cantines médicales et deux paniers de réserve de pansement.

La cantine n° 1 ou à *médicaments* (50 k.) contient du chloroforme (anesthésie), acide phénique (désinfectant), acide acétique, vin cordial ammoniaque pour syncopes et nombre de médicaments usuels en flacons protégés contre les chocs par un matelas d'étoupe ; en plus 3 triangles, 6 k. 200 de linge à pansement, 1 k. 500 de coton comprimé, 10 mètres de gaze, 2 trousses d'officier de santé.

---

(1) Tous les infirmiers régimentaires ou d'ambulance, les conducteurs de voitures médicales, ordonnances de médecin portent le brassard de Genève. Il y a une foule un peu confuse d'autres brassards qui ne confèrent pas la neutralité, brancardiers régimentaires, croix de Malte blanche sur fond bleu (5 octobre 1883); télégraphistes, brassard avec foudres blanches; conducteurs de voitures de réquisition, brassard de toile cachou ; soldat des vivres-viandes, brassard garance avec V. V., etc.

La cantine n° 2 ou à *pansements* (49 k.) avec 4 atelles en bois, 12 en fil de fer, 4 gouttières, porte 7 k. 300 de linge à pansement dont 5 écharpes et 3 k. de charpie antiseptique comprimée.

Le *premier panier de réserve de pansement* contient 20 triangles et 10 écharpes (toujours très pratiques en premier secours), 2 k. de coton comprimé, 15 k. de linge à pansement et à peu près les mêmes médicaments que la cantine n° 1 dont il est la *réserve*, de même que le *deuxième panier* est la réserve de la cantine n° 2 avec 27 atelles en bois, 12 gouttières en fil de fer, 12 coussins matelassés, 4 pelotes compressives de Larrey, 1 carnet de 250 fiches de diagnostic, enfin 2 litres d'eau-de-vie (dont il faudra surveiller la dispensation).

Chaque voiture médicale est munie de 8 brancards d'ambulance (soit à 3 voitures 24 brancards pour les 48 soldats brancardiers), de 2 fanions tricolores à croix de Genève, de 2 lanternes rouge et blanche (1), d'un tonneau de fer de 30 litres et de 1 bidon de 10 litres qu'il faudra toujours tenir au plein.

Au total, le régiment dispose, pour ses 3,000 hommes d'effectif, de 2,760 pansements (2,400 dans les voitures médicales, 360 dans les musettes de pansement).

Emplacement. Fonctionnement. — Le combat de division s'engage le plus souvent par 2 régiments ayant chacun un bataillon sur la chaîne et 2 bataillons de soutien prenant successivement feu.

La deuxième brigade s'immobilise en une réserve dont le plus ou moins grand effort de l'ennemi sur ce

---

(1) Le brancard réglementaire, mode de transport présentant le moins d'aléa et le plus sûr dans la zone des projectiles, est composé de hampes à pied longues de 2 m. 25 (écartement maintenu par des traverses mobiles) sur lesquelles est clouée une toile de 1 m. 81 ; le côté de la tête est surelevé de 15 centimètres ; des bricoles assujetties aux hampes et graduées à la taille par des boucles font porter une partie du poids sur les épaules. (En Prusse, traverses fixes, toile du fond goudronnée) et hampes brisées se pliant par le milieu sur charnières.

point du front détermine la duré. Il n'y a donc, en général, au début que 2 Postes de secours, 1 par régiment engagé.

L'emplacement est à hauteur des réserves de bataillon.

Cette *Ambulance primaire* (car nous verrons que l'ambulance et l'hôpital de campagne lui-même — dans les plus opiniâtres affaires — peuvent se rapprocher et recevoir directement les blessés de la ligne de feu) doit, comme toute formation sanitaire logique, spécialiser ses rouages.

On fait mieux et plus vite ce qu'on fait tous les jours; on acquiert un *tour de main*, une habileté instinctive.

Au Poste de secours — comme partout — les mêmes médecins seront donc chargés des opérations d'urgence, des appareils, du triage des blessés ; le même médecin (auxiliaire) dirigera les brancardiers à l'avant sur la *ligne de feu*; le second sur l'arrière vers la *station de voitures*; près, mais en dehors de la route (1) où le relai des brancardiers d'ambulance échange ses brancards contre ceux du régiment pour n'en jamais exproprier les blessés graves (art. 76).

Là, *comme partout aussi*, dès le commencement de l'action, les médecins sont responsables, chacun pour ce qui le concerne, de l'exécution du service ; là encore, dès que le combat commence, si aucun ordre ne leur est parvenu, ils procèdent de leur propre initiative.

En règle, l'hémostase, l'immobilisation des fractures, les régularisations qui s'imposent, des lavages et irrigations antiseptiques, l'asepsie exacte des instruments, pansements et surtout des doigts seront l'urgent.

Il faut se garder d'être friand de la lame et d'importuner les plaies; le pansement rare est d'excellence (2).

---

(1) Dès le commencement de l'action, les troupes non engagées se tiennent en dehors des routes pour laisser libres la projection en avant de l'artillerie, munitions, ordres, etc.

(2) En fait, l'étoupade de Larrey était le pansement rare; le pansement au vin d'Hippocrate, l'huile bouillante de Paré, les eaux d'*arquebuse* et vulnéraires (par l'alcool), une antisepsie instinctive.

Le triage, opération toujours délicate et de coup d'œil, demeure affaire du médecin chef de service.

Les blessés seront divisés en :

Très légers : gardés au régiment.

Légers : gagnant à pied l'ambulance.

Transportables : avec fiche *rouge*.

Non transportables : avec fiche *blanche*.

(Cette fiche, attachée à la boutonnière, mentionne le diagnostic et ce qui a été fait. De même couleur dans les armées allemande et italienne.)

La plaque d'identité donne les nom et prénoms de l'homme ; il nous paraît superflu de les répéter sur la fiche : c'est du temps prodigué et le temps presse.

Successivement les bataillons s'engagent, les blessés se multiplient, il faut improviser des brancards, des atelles avec les fusils (1); l'hémostase avec le mouchoir et un caillou-pelote, peut-être même des gouttières avec des tuiles creuses, matelassées de paille; c'est affaire d'ingéniosité.

Doit-on, en ce cas de presse, faire pratiquer par les brancardiers et sur lieu l'antisepsie, l'immobilisation, etc.? Malgré l'urgence de transport rapide, nous croyons cette division du travail féconde, inévitable même, non en un combat d'accident, mais en une bataille de durée, comme le sera le choc des immenses armées de demain.

Mieux vaut après tout un secours moins didactique, mais un secours, qu'une attente de désespéré. Et au vrai, le bouchage antiseptique, l'immobilisation, l'hémostase de fortune sont d'intelligibilité accessible à tous. Déjà, en 1876, nous écrivions : « Nous émettons « le vœu qu'en avril et mai, c'est-à-dire avant l'époque « habituelle, historique des déclarations de guerre, il « soit donné à tous les soldats sachant lire et écrire deux « ou trois leçons de « Premiers secours du champ de ba- « taille. » On pourrait s'en reposer sur le sentiment de

---

(1) Les fusils suivent jusqu'à l'ambulance, mais déchargés et sans munitions, pour prévenir les effets d'exaspération et de coups de feu de désespoir; les brancardiers doivent les nettoyer et les graisser dans les 24 heures, jusqu'à versement, le plus tôt possible, au service de l'artillerie (art. 48).

« conservation personnelle pour être certain que ce
« petit cours, très rudimentaire et fort pratique, serait
« suivi, su et retenu.

« Il en résulterait un bénéfice humanitaire sérieux et
« certainement une confiance morale plus grande de la
« part du soldat (1). »

Cela parut démesurément osé il y a douze ans et nous
fit noter d'indiscipline par des chefs que nous n'avons
jamais eu fortune de noter nous-même — et dont l'intelligence surabondait.

Comme les Cours de brancardiers et d'Hygiène régimentaire demandés avec cette même initiative d'indiscipline à la même époque et adoptés depuis, ce sera
l'enseignement de demain.

Le sectionnement possible du Poste de secours pour
marche en avant (il ne reste dès lors que 2 docteurs)
est une menace de plus d'insuffisance et cependant il
faut suivre et se départager ; les voitures ne seront pas
dételées, une partie des paniers et cantines laissés
sur roues, les brancardiers prêts au ralliement subit
pour emboîter le pas à la troupe ; au cas de retraite,
on ne laisse à l'ennemi que le personnel et le matériel strictement obligés.

La lutte terminée, il faudra chercher les blessés longuement ; les appareils locomobiles électriques Lemonnier, s'ils n'augmentent pas trop les longs charrois,
pourront y être employés.

Le soir même, le médecin-chef (dont nous voudrions
ici et à l'ambulance, aux postes de décision, d'ingéniosité et de diagnostic, à la minute le niveau scientifique
plus élevé peut-être qu'à l'hôpital de campagne où il y
a temps de réflexion et de consultation des livres) fait
établir les CERTIFICATS D'ORIGINE pour ses blessés qu'il
connaît et dont il a tutelle sacrée.

Puis il adresse au Commandement et au médecin divisionnaire avec visa du chef de corps (art. 31), un double
du *carnet médical* où il a inscrit tous les blessés du Corps
diagnostiqués et secourus avec destinations données.

---

(1) *Guide médical pratique de l'Officier.* Paris, Delagrave,
in-8, 1876, p. 112.

CHAPITRE V

Ambulances.

*Nombre par corps d'armée. Type, la divisionnaire d'infan-
terie. Tableau synoptique du personnel et du matériel des
Formations sanitaires en campagne. Voitures de chirurgie, d'administration, de réquisition. — Installation. Fonctionnement. Arrivage et triage des blessés. —
Fiches de diagnostic. Plaques d'identité. Mobilité. Sectionnement. Liaison avec l'AVANT. — Poste de secours; avec l'ARRIÈRE. Hôpital de campagne. — Réapprovisionnement.*

Le blessé passe de la ligne de feu au poste de secours,
de celui-ci à l'ambulance, de l'ambulance à l'hôpital de
campagne.

Nous allons le suivre.

A l'AMBULANCE se fait une besogne médicale de guerre
délicate qui n'est peut-être surpassée en difficulté qu'à
l'hôpital d'évacuation.

Il y a 4 ambulances par corps d'armée, 2 ambulances
divisionnaires d'infanterie (le type de fonctionnement
chacune 8,740 pansements), une ambulance légère de
cavalerie (960 pansements), et une ambulance du quartier-général qui ne fonctionne que sur l'ordre du Commandant de corps d'armée (en cas d'urgence du médecin-directeur), une de ses sections devant être tenue en
réserve le plus longtemps possible.

L'ambulance divisionnaire avec ses 225 personnes,
dont *six* médecins, 21 voitures, 59 chevaux, 33 mulets,
(dont 1 avec caisse d'outils et 2 haut le pied), forme une
colonne routière fort longue de 425 mètres (450 mètres,
1 bataillon).

L'ambulance du quartier-général a 3 aumôniers montés (capitaines de 2e classe, 1 catholique, 1 protestant,
1 israélite); 1 ambulance divisionnaire et celle de brigade de cavalerie, 1 aumônier catholique avec une
chapelle de campagne dans une caisse de 45 kilos, — soit
6 aumôniers à cheval.

TABLEAU IV

Personnel et matériel des Formations sanitaires en campagne.

	Médecins			Phar-maciens	Aumô-niers	Officiers d'admin.	Infirmiers Visite	Infirmiers Exploit.	Bran-cardiers	Commis aux écritures	Voitures d'ambulance 4 roues	Voitures 2 roues	Total des voitures (transport des blessés et matériel)
	Armée active	Ré-serve	Terri-toriale										
Ambulance nº 1, divisionnaire d'infanterie (2 par corps d'armée)........	4	2	»	»	1	3	12	17	93	3	4	6	21
Ambulance nº 2, cavalerie (1 pr corps d'armée)	2	»	»	»	1	1	4	11	»	1	3	3	8
Hôpital de campagne (6 par corps d'armée)	2	4 ou 4		2	»	2	14	29	»	3	»	»	10
Hôpital d'évacuation 1 par corps d'armée; (variable)....	2	4 ou 4		1	»	2	8	31	»	4	»	»	»

Par contre, les médecins de réserve et officiers d'administration ne sont pas montés.

Le MATÉRIEL d'ambulance comprend :

1° 2 *voitures de chirurgie* (chargement 615 kil. (1) 1,850 pansements l'une), avec 226 attelles en bois ou fil de fer, 50 coussins à fracture, 46 pour gouttières, 1 bande de zinc laminé, 1 table à opération, boîtes 12 et 17 de l'arsenal de 1859, n° 3, 4, 25, 26 et 27 du nouvel arsenal (2), 2 poires en caoutchouc pour lavage, 6 tubes à drainage pour irrigation des plaies, 2 grandes et 2 petites bandes de caoutchouc pour hémostase (11 août 1886), 3 carnets et 1,000 fiches de diagnostic, 294 kil. de linge à pansement, 25 de coton cardé.

Puis des additions toutes récentes et un peu tardives en France : 2 k. 500 d'iodoforme et 300 gr. de sublimé (12 mai 1886), la charpie, enfin décrétée d'antisepsie (20 novembre 1886) empaquetée de papier parchemin aux couleurs nationales, *bleu* boriquée (2 k.), *blanc* phéniquée (2 k.), *rouge* bichlorurée (8 k.).

Comme annexes dernières : 50 pinces hémostatiques de Péan (6 décembre 1886), 4 tubes de vaccin de génisse (26 décembre 1886),

2° 2 *voitures d'approvisionnement de réserve* (chargement : 445 k.).

Voiture n° 1 ou à *médicaments*: portant outre les usuels, 54 attelles, 30 gouttières, 71 k. 500 de linge à pansement, 50 écharpes, 8 triangles, 20 k. de coton comprimé, 20 k. de charpie (désormais antiseptique pour tout approvisionnement sanitaire), 1 tonneau d'eau de 50 litres, 50 bidons de 1 litre.

Voiture n° 2 ou à *appareils* ; elle contient 20 k. de plâtre à mouler, 15 attelles en fil de fer, 80 coussins à fractures, 20 pour gouttières, 20 couvertures grises, 50 bidons de 1 litre, plus du Liebig, 1 tonneau de 30 litres

---

(1) Le poids-charge est utile à connaître au cas où, par accident de guerre, il faudrait substituer aux équipages normaux des voitures de réquisition.

(2) Un infirmier-coutelier est attaché à l'ambulance art. 39).

d'eau-de-vie, 1 tonneau de vin de 50 litres; tous deux à surveiller étroitement.

Viennent enfin 2 voitures d'*administration* (chargement : 1,200 k.) comportant des ustensiles de cuisine et un matériel touffu de 32 mains de papiers, imprimés et « tout ce qu'il faut pour écrire », qui semblent être ce dont le blessé manquera le moins.

Nous y relevons 4 bouteilles de carmin, 4 de sandaraque. 8 bâtons de cire, 4 morceaux de colle à bouche, 100 grammes de pains à cacheter, 2 grimaces pour pains à cacheter (?)

On se croirait au Ministère (1).

En somme, l'approvisionnement total du Corps d'armée est de 394 brancards (248 de corps de troupe, 52 à l'ambulance du quartier général, 22 à l'ambulance de brigade, 36 à l'ambulance divisionnaire d'infanterie) (2) et de 27,180 pansements pour 35,000 hommes.

Installation et fonctionnement (3). — Le médecin divisionnaire reçoit les ordres du général commandant et fixe l'emplacement (art 74). C'est d'ordinaire à hauteur des réserves de division comme le Poste de secours, ambulance diminutive, est à hauteur des réserves de bataillon.

---

(1) Cette nomenclature date de 1881, époque où le grattoir de l'intendance primait nos instruments de chirurgie.

Elle fut contresignée par un Conseil de santé — *discipliné*.

(2) Nous relevons dans l'approvisionnement d'ambulance 86 brancards, (50 voitures de réserve, 28 voitures d'ambulance à 4 ou 2 roues, 8 voitures de chirurgie,) soit pour le fonctionnement exact des *172 brancardiers*.

Robert (*Traité des manœuvres d'ambulance*) en accuse 92, et le Règlement sur le service de santé en campagne, Tableau A, 98.

Nous ne croyons pas que cette dissimulation de « nos forces ambulancières » soit voulue et qu'on compte sur les infirmiers pour décider la victoire avec leur arme.

Le mieux serait de se fixer soi-même, dût-on fixer l'Allemagne, sur l'effectif de nos troupes cliniques.

(3) Nous avons déjà vu la place de colonne, le sectionnement d'avant-garde de l'ambulance, le prêt d'une voiture de malades à 4 roues à chacun des régiments en marche.

Ce qu'il faut — dans les deux cas — c'est un point de facile accès en avant et en arrière, à l'abri, défilé des projectiles et où les fanions tricolores et de Genève ne soient pas trop en vue de l'ennemi, qui n'y apercevant de loin qu'un drapeau de repère y adresserait ses obus (1).

Dans les deux cas aussi et en toute formation sanitaire, *même de passage*, on évitera les habitations de vieille ou agglomérée occupation, couvents, lycées, casernes, les rues populeuses et encombrées, on cherchera abondance de ces trois éléments — le pain de la chirurgie improvisée — *eau, bois, paille.*

Le médecin-chef (et il est de tous points utile qu'il ait comme tout officier le *coup d'œil du terrain*) avise une ferme et l'accommode en vue d'un minimum de 300 blessés.

Une partie des infirmiers prépare le couchage et le bouillon, un infirmier de visite les tisanes, les autres, les linges et appareils à pansement ; les médecins disposent l'arsenal chirurgical et la salle d'opérations d'urgence.

Pendant ce temps, à l'aide du carnet d'ordres et de reçus *de réquisitions* (2) qu'il tient du Commandement (art. 33) le médecin-chef réquisitionne des voitures, que quelques infirmiers, ne craignant pas d'utiliser les habitants eux-mêmes, aménagent à la hâte avec de la paille, des bâches ou du feuillage.

En effet, avec les 10 ambulances lourdes ou légères, 10 paires de litières et 20 paires de cacolets, l'on n'est outillé à l'ambulance que pour une évacuation maxima de 88 blessés dont 48 seulement couchés.

Il faudra donc avec les voitures-modèles (réservées aux transportables les plus graves) beaucoup de charrois d'improvisation sur ressorts autant que possible

---

(1) Les fanions sont peut-être moins nécessaires aujourd'hui à l'ambulance, puisque les brancardiers *seuls* qui ne s'égarent pas ont fonction *exclusive* de porter ou diriger les blessés.

(2) Tous les chefs de formations sanitaires reçoivent le carnet et ont les droits de chef de corps. Le maire, assisté de deux conseillers municipaux, répartit les prestations.

(breacks, voitures publiques) et, à leur défaut — à prévoir — non suspendus, mais alors matelassés de foin, de paille et doucement conduits; leur inconfortable les recommandera spécialement aux préférences d'attention des médecins d'escorte et des infirmiers (aller au pas mais revenir vite pour multiplier le va-et-vient).

Le médecin-chef (art. 14) avise de l'emplacement de l'ambulance chacun de ses tributaires les *Postes de secours* en action et répartit en autant de sections ses brancardiers dirigés vers les *Stations de voitures* distantes de 1 à 2 kilomètres.

Puis il passe une inspection rapide de tout ce travail divisé et simultané, examine si des locaux spéciaux ont été affectés aux diverses classes de triage des blessés, à la salle d'opérations, enfin il rend compte au médecin-directeur de l'installation parachevée (art. 14).

Il est temps.

Arrivage des blessés. — Comme en toute évacuation (car c'en est une du Poste de secours), nous trouvons ici toujours les quatre mêmes opérations confiées à des médecins spécialisés :

1° *Réception* pour placement ici ou là, suivant gravité et catégories; la fiche de diagnostic aide et suffit presque seule avec ses indications : *pansés — à panser — à opérer*;

2° *et* 3° *Opérations. — Appareils.* — Deux médecins à chacune de ces catégories, surtout s'ils ne sont aidés ni par des médecins des Corps ni par une section de l'ambulance-réserve (quartier général);

4° *Triage* et pronostic pour évacuation ultérieure par le médecin-chef d'ambulance.

C'est la répétition en plus grand, plus perfectionnée, avec plus de moyens, mais encore en un temps limité de ce qui s'est passé au *Poste de secours*.

Les blessés comme au *Poste de secours* seront divisés en :

1° *Très légers*, pouvant rejoindre le corps après avoir été pansés;

2° *Légers*, formés en détachement sous les ordres de

l'officier ou sous-officier de même catégorie de blessés, le plus ancien (et sous sa responsabilité) pour rejoindre à pied le dépôt d'éclopés le plus voisin (1);

3° *Transportables* (fiche rouge). — *Assis*, voitures de réquisition ; *couchés*, voitures d'ambulance ;

4° *Intransportables* (fiche blanche).

Puis toutes les fiches sont complétées, mises à jour de ce qui a été fait ou refait. On ne peut préciser absolument ce qu'il y aura à opérer à l'ambulance ; c'est affaire de haut coup d'œil et de tact chirurgical ; il semble que les extractions les plus faciles de projectiles ou corps étrangers, l'hénostase vérifiée, les consolidations affermies en des gouttières d'arsenal ou d'improvisation (paille plâtrée), tout cela avec asepsie parfaite, constitueront le plus commun d'une pratique prudente et d'attention.

Les blessés n'arrivant plus à la nuit, les évacuations terminées sur l'hôpital de campagne, n'ayant plus en charge que des intransportables, le médecin-chef qui a fait prendre note exacte sur son carnet médical (2) (art. 25) des *entrants évacués et restants* à l'aide des fiches de diagnostic et *plaques d'identité* (3), en extrait un compte rendu sommaire du mouvement des blessés et un rapport détaillé sur le fonctionnement de l'ambulance qu'il adresse en hâte (art. 86) au Directeur du service de santé du corps d'armée.

Tel est le fonctionnement dans son essentiel.

---

(1) Ces deux premières catégories sont venues à pied à l'ambulance.

(2) Tout médecin-chef de formation sanitaire (art. 35) tient un journal de marche et d'opérations, reçoit 1 carnet médical, 1 carnet de correspondance, et, comme nous l'avons dit, un carnet de réquisition.

(3) La *plaque d'identité* en maillechort suspendue au cou par un cordonnet de coton noir porte sur une face les nom, prénoms et classe ; sur l'autre, la subdivision de région et pour contrôle le n° du registre matricule de recrutement ; elle est délivrée aux hommes au moment de la mobilisation (art. 26).

Il faut un ensemble de qualités réelles — de commandement et techniques pour faire un triage judicieux et obtenir :

1° L'ordre et le sang-froid dans les pansements au milieu des cris et des poussées d'arrivage des blessés ; 2° l'exécution stricte des réquisitions ; 3° la rapidité *régulière* des évacuations. Cela tout en gardant jusqu'à la nuit, fin de combat, une section intacte et haut le pied pour ainsi dire — *en conservant sa mobilité.*

L'ambulance du quartier général a presque toujours envoyé une partie de son personnel au secours des deux ambulances divisionnaires, mais, nous l'avons vu, elle surtout doit garder une de ses sections intactes et de dernière réserve, quelles que soient les fluctuations de la lutte.

Le médecin qui accompagne les évacuations sur l'*hôpital de campagne* doit faire montre de fermeté pour ramener ses voituriers requis et involontaires qui, sans un commandement rigoureux se débanderaient à destination ; il leur donne connaissance de l'article 21 (loi du 3 juillet 1877) : « Quiconque abandonne le service pour lequel il a été requis est passible d'un emprisonnement de 6 jours à 5 ans. »

Puis il rejoint avec eux l'ambulance qui, si l'armée se porte en avant, la suit à son rang de colonne. Un médecin est détaché chaque jour au quartier général pour faire le campement ; un caporal fait fonction de fourrier pour les bons et le logement, un officier d'approvisionnement va aux distributions (1), le vaguemestre à la poste et le comptable à la solde.

Il sera toujours expédient et ceci pour toute formation sanitaire, de se réapprovisionner en matériel, soit par retour des voitures ayant fait les évacuations, soit par réquisition ou achat sur place (provoquer les ordres du directeur de santé du corps d'armée (art. 120). Le plâtre (pour appareils de solidification et gouttières), qu'on

---

(1) Les *Trains régimentaires* portent deux jours de vivres de réserve, le *convoi administratif*, quatre jours, le soldat a deux rations sur le sac et se trouve ainsi « aligné » à huit jours de vivres.

peut se procurer à peu près partout, sera toujours tenu à son complet de 20 kilos bien vite épuisé.

CHAPITRE VI

Hôpitaux de campagne.

Transport des blessés de l'Ambulance à l'Hôpital de campagne. — Voitures d'ambulance à 4 et à 2 roues. — Cacolets. — Litières. — Sécurité du brancard. — **Hôpitaux de campagne.** *— Nombre par corps d'armée. — Place de marche. — Sectionnement. — Personnel matériel. — Fonctionnement. — Hôpitaux de campagne immobilisés. — Hôpital d'isolement. — Retour vers l'avant et le corps d'armée.*

I. — Modes de transport du blessé à l'hôpital de campagne.

Le Règlement prescrit d'envoyer les omnibus d'ambulance jusqu'à la *station de voitures* des postes de secours. C'est un peu en avant.

Avec les ricochets la portée énorme et folle des balles perdues (3,000 mètres avec le fusil Lebel de 8 millimètres) les coups longs des Shrapnels (1) on ne sera que de façon relative abrité par un pli de terrain.

Il nous paraît hardi de faire promener dans cette zone sur route *blanche* souvent droite et enfilée par le tir pendant 1 kilomètre environ des processions de voitures à 4 roues plus visibles certes que leurs insignes de neutralité.

Les brancardiers d'ambulance pouvant se disséminer, passer sous bois par des sentiers, se défiler (et on peut s'en reposer sur l'instinct de conservation pour cela) présentent sous ces latitudes dangereuses une sécurité plus formelle.

---

(1) 15 éclats avant 1870, 35 avec le canon de 7 Reffye, aujourd'hui plus de 150 éclats de fragmentation et on tirera souvent sur les *réserves* (à hauteur desquelles se placent, comme on l'a vu, le poste de secours (*bataillon*) et l'ambulance (*division*).

Par inverse, de l'ambulance à l'hôpital de campagne (2° à 3° échelon de l'avant) où n'est plus ce danger de blessures nouvelles qui commandait l'éparpillement et un transport pour ainsi dire en « fourrageurs », le brancard cède le pas aux voitures.

II. — Moyens de transport.

1° La VOITURE D'AMBULANCE LOURDE ou *omnibus* (4 roues, 2 chevaux, poids vide : 970 kilos), peut transporter 4 blessés couchés (superposés par 2), 2 couchés et 5 assis ou 10 assis.

Les 2 hampes des brancards de la ligne de feu, dont il ne faut jamais débouter le blessé grave, sont engagés sur 2 chariots à roulettes (de Beaufort), avec voie de rails fixés au plancher de la voiture et permettant de l'arrière à l'avant un glissement sans secousse. Ces hampes sont bouclées dans des crampons fixés aux parois.

2° L'AMBULANCE LÉGÈRE, 2 roues, 1 cheval, poids vide : 485 k., n'a pas le réservoir d'eau de la précédente.

Toutes deux sont surélevées du sol d'environ 1 mètre, ferment latéralement de façon identique par des rideaux de toile imperméable s'écartant à volonté et sont surmontées d'une galerie avec bâche pour l'armement et les sacs des blessés (1).

3° CACOLETS (20) et LITIÈRES (10 par ambulance).

Les *cacolets* sont des fauteuils à siège de bois accrochés par paire de chaque côté du bât de mulet. Le blessé assis y est bouclé en avant par une courroie et pose les pieds sur une planchette de soutien.

Les *litières* sont des couchettes en fer à fond de toile (comme le brancard), espèce de lits de sangle recouvert d'un châssis mobile (pluie ou soleil) et placés aussi par paires. Les 2 blessés se font contrepoids, la tête dirigée en avant.

Ces moyens d'équitation et de cavalerie, sujets à

____

(1) Une échelle ployante placée sous le marchepied et maintenue par 2 tenons en fer forgé et une courroie permet le chargement de la toiture.

chutes, à ruades, affolement ou panique par une blessure sont à abandonner. Ne coucher 2 blessés sur une monture qu'en cas d'urgence absolue.

Il ne faut pas jouer une seconde fois la vie du soldat et sans but. Puisque l'Intendance, sur l'avis purement de forme d'un Conseil de santé qui n'avait qu'une indépendance dépendante, a doté l'ambulance divisionnaire de 33 mulets, ce qui, par la longueur de colonne, les hommes de conduite (82 hommes du train dont 64 conducteurs), l'alimentation en avoine, n'est pas le plus mince des impedimenta, on y montera les blessés les moins graves.

C'est tradition de guerres coloniales un peu contre des ennemis *figurés* (Afrique, Mexique) qui ont gâté la tactique sanitaire autant que toute autre.

Même en pays de montagne, on préférera du poste de secours à l'ambulance (*1er échelon*), le brancard plus lent, il est vrai, mais de chute moins périlleuse, d'allure moins cahotée, passant partout, par-dessus une haie, un petit mur, une barrière, un fossé, tous obstacles possibles d'un champ de bataille étendu devant lesquels le mulet s'abat, fait des défenses périlleuses ou refuse.

De l'ambulance à l'hôpital de campagne (*2° échelon*), on préférera de même les voitures d'ambulance ou de réquisition d'équilibre moins instable (1).

III. — Hôpitaux de campagne

Il y en a 12 par corps d'armée dont 6 attelés suivent immédiatement (Mobilisation du 17° corps d'armée, 1887) et 6 autres semblent devoir servir de réserve de

---

(1) Parfois même le mulet s'abat. L'un de nos malades, l'infortuné colonel Suberbielle, atteint aux deux jambes par un éclat d'obus, fut ainsi jeté sur le pavé d'une rue de Metz. L. LE FORT, *La Chirurgie militaire et les Sociétés de secours*, Paris, 1873.

Le transport à dos d'animaux est toujours une très mauvaise ressource et ne doit être admis que faute de mieux (Congrès international de Londres).

remplacement (tous capacité clinique 200 lits, personnel et matériel identiques 10 voitures, longueur de colonne 150 mètres, durée d'écoulement 2 minutes. Comme en *toute formation sanitaire*, l'officier du train est sous l'autorité du médecin chef, art. 40).

Place de marche avec le convoi administratif ou plus avant dans le train régimentaire (suivant *l'ordre de mouvement* du jour) car on les rapproche le plus possible un jour de combat pour dégager les ambulances ; aux dépens pour eux-mêmes d'une immobilisation temporaire.

Le directeur de santé du corps d'armée adresse à chaque hôpital l'indication de l'heure d'arrivée et du lieu d'installation. En principe ce doit être en dehors de la zone des projectiles mais assez près cependant pour que les voitures d'ambulance puissent faire plusieurs voyages en une journée (art. 91).

Le *personnel* est de 2 médecins-majors du cadre et 4 médecins de réserve ou de l'armée territoriale, avec 2 pharmaciens, 2 officiers d'administration, 14 infirmiers de visite, 29 d'exploitation, 3 commis aux écritures.

Le *matériel* (poids 5,263 kilos) est dédoublé en 17 cantines et 18 ballots (caisses et ballots portant le numéro de la section à laquelle ils appartiennent) chargeant 4 fourgons (1re section, 100 blessés) autant à la 2e.

Les 6 hôpitaux attelés du corps d'armée peuvent fournir 3,324 pansements.

L'approvisionnement en médicaments est plus considérable que celui de l'ambulance n° 1, en raison d'une permanence possible. L'arsenal chirurgical n'en diffère que par la boîte *autopsies n° 19* et seulement 25 pinces hémistatiques de Péan (6 décembre 1886).

Objets de pansement et appareils. — *Charpie antiseptique* boriquée, 2 k. 550 ; phéniquée, 2 k. 550 ; bichlorurée, 10 k. 550 ; dans leur papier parchemin bleu, blanc et rouge (20 novembre 1886), 40 k. d'ouate comprimée, 40 m. gaze antiseptique, 161 k. 500 linge à pan-

---

Le *Sanitatz détaehement* prussien n'a ni cacolet, ni litières, ni même voitures à deux roues (dont le cheval peut s'abattre) tous moyens menaçants pour le blessé.

sement, 54 attelles en bois, 16 en fil de fer, 32 gouttières, 36 coussins à fractures, 32 à gouttières, 40 k. de plâtre à mouler, 12 tubes de drainage, 2 appareils d'Esmarck (1).

Couchage. — 200 enveloppes à paillasse, 200 grands sacs à paillasse, 400 draps de lit, 100 couvertures de laine grise.

Installation. — Le médecin-chef, s'inspirant parfois de la lettre, mais plus souvent de l'esprit de ses instructions (et le directeur de corps d'armée fera bien de provoquer l'initiative des meilleurs de ses lieutenants, ce qui ne laissera pas d'être nouveau) choisit son emplacement (2).

Ce seront toujours les mêmes conditions que pour l'Ambulance, d'hygiène d'accès, de couvert, d'approvisionnement en *eau*, *paille* et *bois*, mais avec une latitude de *choix* plus grande.

Là, plus qu'à l'ambulance, puisqu'on peut être immobilisé suivant crue des blessés (ce qu'il faut toujours prévoir) on s'inspirera de défiance contre les locaux tarés par agglomération que les grands blessés qui vont arriver rendraient vite septiques.

On choisira de préférence les halles couvertes et ouvertes, les fermes, et comme on est en dehors des vues et fluctuations probables de la lutte, on pourra s'y pavoiser sans danger.

Le personnel sera spécialisé et recommencera, comme à l'*ambulance*, comme au *poste de secours*, comme tout à l'heure à l'*hôpital d'évacuation*, ces trois opérations qui sont tout le fonctionnement — **de l'avant à l'arrière** — du Service de santé de guerre :

1° Réception et placement dans les salles ;

2° Opération et appareils ;

3° Classement d'évacuation, que le médecin se réservera toujours, là comme à l'ambulance, avec la consultation des cas difficultueux et de litige des opérations à pratiquer ou à surseoir (1).

---

(1) Les bandes d'Esmarch et de Nicaise seront vraisemblablement remplacées par des bandes de caoutchouc blanc en feuilles sulfurées à 140° seulement.

(2) De 4 à 8 kilom. de la ligne de feu.

L'installation parachevée par des réquisitions de lits, vivres, voitures (dont un convoi de secours est envoyé au devant de l'ambulance pour alléger sa besogne), de travailleurs ou même de médecins civils (art. 90), chacun étant à son poste technique, le médecin-chef avise le directeur de santé que l'hôpital n°.. est prêt à fonctionner.

Alors, ou il reçoit peu de blessés dans sa zone et peut suivre, ou, alourdi par ses charges cliniques, il doit s'immobiliser.

En ce cas, dès le contact perdu avec l'armée qui marche, le rapport journalier ne lui parvient plus. C'est un isolé; il passe sous le commandement *de l'arrière* du directeur général d'étapes.

Son fonctionnement reste le même que celui d'un hôpital de l'intérieur avec visite, contre-visite, distributions, médecin et officier d'administration de garde.

Il n'y a de changé que le commandement et l'absence d'imprévu; le rapport vient de l'arrière, le médecin général d'étapes succède techniquement au directeur de santé du corps d'armée ; il notifie les destinations à donner aux malades évacués quotidiennement ou à dates périodiques (art. 99).

Peu à peu ces sorties rendent à l'hôpital de sa légèreté ; sur chaque billet et fiche, on mentionne avec détail les complications, opérations, appareils, la mainmise chirurgicale en chaque cas; cela pour *donner de la suite* au traitement du blessé, où qu'il aille.

C'est comme un *Journal de marche* de sa maladie.

Si malgré toutes précautions antiseptiques : désinfection des latrines, isolement des cas suspects, rechange des salles, l'hôpital devient malade, l'agglomération et le contage trahissent leur victoire par une *épidémie d'armée*, on en rend compte avec une célérité discrète.

Le général d'armée prescrit aussitôt l'établissement à distance en pleins champs (un sol sableux ou de calcaire léger perméable est le meilleur) d'un *Hôpital*

---

(1) En Allemagne, une notabilité scientifique est attachée, sur nomination de l'empereur, à chaque Corps d'armée et peut faire sentir son action de haut diagnostic soit à l'ambulance, soit au *feld-lazareth*.

d'isolement avec abris légers faciles à détruire, locaux de désinfection et personnel spécial.

Un fanion jaune en interdit l'accès à la troupe ; il n'est pas fait d'évacuations, un dépôt particulier de ces convalescents redoutables est créé s'il y a lieu.

En fin d'épidémie, les abris, matériel, literie, couverture, vêtements, tout est brûlé sur le sol même d'hôpitalisation, le médecin-chef responsable rend compte de cette opération dernière (article 101).

Nous ne pouvons qu'applaudir à cette réglementation décidée qui, vraisemblablement, arrêterait et brûlerait sur lieu le contage, mais on ne perdra pas de vue que mieux vaut prévenir ; que les épidémies sont malléables comme en main d'un médecin hygiéniste.

Aussi la science élevée des médecins-chefs de l'armée active ou territoriale se laissera rarement surprendre, L'hôpital de campagne, peu à peu évacué, se dégagera de l'immobilité qui lui pèse soit par des hôpitaux improvisés avec ressources locales et médecins civils, soit plus souvent à l'aide des formations auxiliaires des Sociétés de secours de la Croix Rouge.

En ces deux cas, le médecin-chef fait donner décharge ou opérer échange du matériel, puis, recomplété de son mieux, il part de l'avant pour rejoindre son Directeur de corps d'armée auquel il avait échappé par fortune de guerre et — comme prisonnier des blessés.

SERVICE DE L'ARRIÈRE

—

PREMIÈRE PARTIE

SERVICE D'ÉVACUATION OU DE DISSÉMINATION

—

CHAPITRE VII

Médecin directeur général d'étapes. Importance de son Commandement sanitaire. Personnel de direction. **Dépôts de convalescents.** *Personnel. Matériel. Fonctionnement.* **Hôpital d'évacuation.** *Personnel. Matériel. Emplacement. Fonctionnement. Feuille d'évacuation. Évacuation par routes et par eau (canaux de l'Est).*

Dans toute cette zone, le commandement supérieur disciplinaire est exercé par le directeur d'étapes, assisté de 3 officiers brevetés ; le commandement technique par le médecin directeur du service de santé des étapes dont le rôle est des plus actifs.

Il organise (art. 102) d'accord avec les administrations locales les hôpitaux et hospices des territoires occupés, un déversoir utile, mais surtout il est l'âme de ce fonctionnement de détente qui, par les *dépôts de convalescents* pour les cas légers, par les *évacuations* pour les graves, par l'*isolement* pour les suspects, est comme l'enlèvement des déchets militaires et, pour ainsi dire, l'hygiénique service de voirie d'une Armée.

1° Dépôts de convalescents.

Matériel à peu près celui d'Infirmerie régimentaire (522 kil. dans 6 caisses, 1,070 pansements). Il comprend des baignoires (1 par 100 hommes), 1 boîte d'avulsion dentaire, des médicaments de reconstitution, 1 kil. de thé, 10 kil. d'alcoolé de quinquina.

Situé à proximité des ambulances d'évacuation, le dépôt de convalescents doit recevoir : 1° les blessés légers des ambulances et hôpitaux de campagne qui s'y rendent à pied isolément avec billet d'hôpital (art. 108) ou mieux par détachements surveillés; 2° les *guéris* des hôpitaux de campagne immobilisés, des hôpitaux d'évacuation, des formations sanitaires du territoire, en un mot, tout ce qui de toute source de guérison revient à l'ennemi.

Le dépôt est organisé comme un régiment, commandé par un officier de régiment, soigné par un médecin de régiment. Tout cet apparat de vigueur et de rigueur est destiné à ne laisser s'oublier personne en ce lieu de repos, de bon lit (par réquisition), de douce pharmacie et de bonne cuisine (1 ration de vin).

Il y a tous les jours des promenades hygiéniques, des services de patrouilles, comme une gymnastique préparatoire au retour en guerre.

Le local doit être clos de murs avec poste et sentinelle à la porte (1) et la discipline sévèrement observée chez ces soldats qui ne doivent pas *se gâter*.

Avec une direction vigoureuse il y a là une source qui n'est pas à dédaigner de renforts (par petits détachements) de soldats déjà *instruits du feu*.

Le médecin-principal, *d*'*recteur d'étapes*, est le régulateur de cette circulation croisée — de blessés vers l'intérieur et des guéris vers l'ennemi, mais le plus difficile

____

(1) Fournis par l'Armée territoriale, qui relève à mesure de la marche en avant les postes provisoires laissés par les troupes d'opérations.

de son service au côté social (épidémies) et économique élevé (approvisionnement en matériel ou personnel) est certainement l'**évacuation,** la **dissémination** des malades et blessés sur tout le territoire.

Les difficultés s'accroissent de ce que avec les réseaux stratégiques et les grandes lignes ferrées sur lesquelles les armées devront pour ainsi dire s'asseoir pour s'alimenter, l'*hôpital d'évacuation* sera quelquefois très près de la zone de batailles, qu'alors tout y affluera, blessés et malades de tous points, de tous corps, comme en un refuge, par une force d'attraction ; il faudra là surtout de l'activité contre l'encombrement, du coup d'œil, de la décision, des ordres précis et rapides (1).

En même temps qu'un diagnostic sûr pour faire comme en appel un triage dernier des catégories :

1° *A évacuer sur les hôpitaux de l'intérieur. (Transportables. —* Appréciation de la distance et de l'affectation à telle variété de train sanitaire.)

2° A *garder momentanément (Intransportables,* complications, aggravés par le trajet).

Il faut au médecin, principal Directeur d'étapes, pour porter ce jugement de revision des triages précédents en des cas toujours graves, une grande netteté de diagnostic et de pronostic, un tact médical réel. Il est assisté de trois médecins, un pharmacien, un officier d'administration, deux infirmiers de visite, deux d'exploitation, un commis aux écritures (tableau **A**).

Il a sous ses ordres tout un personnel considérable de médecins chefs de têtes d'étapes de guerre, de routes, des trains sanitaires, des hôpitaux des pays occupés, des dépôts de convalescents, des infirmeries de gare, des hôpitaux et des Sociétés de la Croix-Rouge, personnel que nous appellerons de **dissémination** (2) et qui a pour

---

(1) Le matériel des stations-magasins (tentes et baraques), le personnel sanitaire d'étapes peuvent en cas d'urgence être dirigés et refluer sur l'hôpital d'évacuation (art. 105).

(2) *Evacuation* semble impliquer l'attente d'un trop-plein qu'il faut devancer. *Dissémination* nous paraît plus objec-

rôle de pratiquer un égrènement judicieux des blessés et pour ainsi dire une médication d'air et d'espace.

Il peut y avoir des hôpitaux d'évacuation sur les routes de terre ou sur les fleuves (routes qui marchent), mais le plus occupé, celui qui donne satisfaction, au plus tôt à l'hygiène et au blessé par son déversoir rapide, c'est l'hôpital d'évacuation assis sur voies ferrées à la *station tête d'étapes de guerre* (1).

2° Hôpital d'évacuation.

Personnel : 1 médecin-major et 1 aide-major du cadre actif.

4 médecins de Réserve ou de l'Armée territoriale.

1 pharmacien, 2 officiers d'administration dont 1 de réserve, 8 infirmiers de visite, 34 d'exploitation, 4 commis aux écritures.

Le *Matériel* comprend 1 approvisionnement d'*Hôpital de campagne* (cette identité (2) très pratique permet des échanges, substitutions et recomplètements faciles) plus 3 approvisionnements de trains d'évacuation.

L'*emplacement* sera une halle, un magasin de la gare des marchandises qu'on cloisonnera en : 1° Salle d'attente pour la réunion des blessés du prochain train d'évacuation (nul ne peut monter dans le train s'il n'est porté sur la feuille d'évacution *Règlement du service de Santé à l'Intérieur*, art. 313).

2° Salle de traitement provisoire.

3° Salle d'isolement pour les contagieux en attendant évacuation sur l'hôpital d'isolement (art. 101) avec étuve par la vapeur surchauffée (locomotives), enfin des latrines à désinfection chimique quotidienne.

Le service est réglé comme dans un Hôpital de cam-

---

tif. On ne disséminera jamais trop les blessés et malades transportables.

(1) Cette station importante comprend : un échelon de grand-parc, une chefferie du génie, deux sous-intendances, un hôpital d'évacuation, etc.

(2) Identique, sauf 50 pinces hémostatiques de Péan, au lieu de 25 à l'hôpital de campagne (6 décembre 1886).

pagne (1) (art. 106). On spécialisera comme toujours les fonctions et le médecin-chef se réservera le triage, toujours délicat comme tous les triages, en :

1ᵉʳ classement : Transportables.

—   Intransportables. On est à peu près d'accord pour surseoir au transport en période de réaction des blessés de grandes articulations (une bonne immobilisation sera le plus urgent) de la poitrine et de la tête, mais on ne peut formuler de règles fixes ; on a fait à l'étranger des classifications qui n'ont qu'une autorité individuelle.

Il nous paraît que l'énergie du malade, la nostalgie des siens, le vif désir de revoir la famille sont des facteurs de soutien à ne pas négliger.

2ᵉ Classement :

Couchés à évacuer en : *Trains sanitaires permanents.* — Blessés graves pouvant aller loin avec confort relatif.

Couchés à évacuer en : *Trains sanitaires improvisés.* — Moins graves, hôpitaux peu éloignés.

Assis : *Trains ordinaires.* — Moins graves encore et dont partie (bien que les cahots pénibles et la durée du transport fassent réduire au minimum ces charretages) peut être évacuée sur route à l'aide de voitures de la Société de Secours ou de réquisition — très exceptionnellement par voitures d'ambulance (nourriture et logement aux gîtes d'étapes).

Ces triages faits, le médecin chef mentionne dans le rapport journalier le nombre d'hommes à évacuer divisé en les trois catégories des trois trains ci-dessus.

Le médecin directeur d'étapes par concert avec les directeurs des chemins de fer et d'étapes provoque l'organisation des trains nécessaires (art. 107) puis, dans le but de diminuer le travail toujours intensif des voies ferrées, il tente d'utiliser concurremment les routes

---

(1) Avec fractionnement possible en 2 sections, l'une en avant, à la *tête d'étapes de route* établissant liaison entre la voie ferrée et l'Armée qui s'en éloigne (art. 103).

(blessés légers) et canaux ou fleuves (blessés très graves).

Dissémination par eau.

Le transport par eau, tout spécialement moelleux, sans secousse, d'une hygiène parfaite par aération en quantité, qualité, et dont nos canaux de l'Est forment la voie naturelle sera réservé aux fractures graves, aux typhoïdes pour lesquels le rechange d'air est une demi-cure, etc.

La Notice n° 11 dit que sur le fond d'un bateau de canal on établira un plancher étanche surmonté d'une toiture en toile goudronnée (coût de transformation 6,000 fr.; quatre à six bateaux ont la capacité clinique d'un train; 40 kilomètres par jour).

Mais là encore la durée est à considérer et le facteur moral de retour à Paris ou en France est à peser pour l'officier qui préférera attendre sur place deux ou trois jours le confortable rapide d'un train permanent et transiter en une seule nuit.

Comme nous allons le voir, le ravitaillement d'un Corps d'armée nécessitant de trois à quatre trains quotidiens se succédant toutes les six heures (temps de déchargement), ils pourront revenir sur *lest* de malades et faire de la voie ferrée dans les guerres prochaines — comme elle l'a été en 1870 — la plus grande route d'écoulement des blessés.

CHAPITRE VIII

Dissémination par voies ferrées (1re PARTIE).

Trains d'évacuation. Trains permanents. Train permanent n° 1 de la Compagnie de l'Ouest. Ressorts et attelages spéciaux. Aménagement sanitaire. Prix. Le seul train actuel communiquant de bout en bout. Trains improvisés. Système du colonel Bry. Capacité clinique du système. Appréciation.

Les *trains d'évacuation* sont divisés en :

1° permanents (blessés (35 voitures dont
2° improvisés (couchés (23 de blessés.

3º *ordinaires* } *assis* } Voitures à voyageurs (1re et 2e classes, réservées aux officiers et malades les plus souffrants).

Vitesse moyenne, 40 kilomètres à l'heure (art. 171).

Chaque wagon est marqué de la Croix de Genève, le fanion tricolore et de Genève sont arborés sur la première voiture.

Voilà les caractères communs; voyons les particularités.

Et d'abord les trains dits *permanents* ne le sont que pendant la guerre; — en paix leurs wagons, faisant le service de marchandises (grande vitesse), doivent seulement ne pas sortir du réseau et être prêts 15 jours après réquisition. Les diverses lignes fourniront à elles toutes 10 trains permanents (Décision du 9 mars 1884); la Compagnie de l'Ouest a déjà mis le sien en voyage d'essai de Paris au Havre, le 4 juillet 1887

Bien qu'on ait surfait les accessoires, l'expérience vaut qu'on s'y arrête par la tentative originale de demander l'élasticité non à la suspension des brancards, mais aux ressorts de la voiture elle-même.

Voici ce que nous en disions dans la *Gazette médicale de Paris*, après examen minutieux avec M. l'ingénieur Ameline, qui avait pour l'œuvre (très appréciée du reste) une paternelle indulgence (1) :

« En l'état, les wagons de marchandises, dont la portée est de 6 tonnes, ont des ressorts de 14 feuilles qui ne fléchissent sous une tonne (poids moyen du matériel et

____

(1) Nous insistons sur ce train permanent-type parce qu'il constituera le mode de transport recherché (confortable et vitesse) des officiers gravement blessés de tous grades, nos camarades.

Il serait au cas de guerre de demain, le seul train communiquant de bout en bout, par conséquent avec secours d'urgence possibles à toute minute, dès appel.

des malades) que de 38 millimètres. C'est presque une voiture non suspendue sur essieu.

« Les ressorts du nouveau train sont de 10 feuilles et fléchissent de 90 millimètres. Trois heures suffisent pour la substitution de suspension.

Voilà pour les verticalités; les oscillations latérales et longitudinales semblent avoir été considérablement diminuées; voici comme : les deux couchettes de blessés superposées reposent sur 4 solides montants en bois de 1 m. 95 de hauteur reliés en carré long (en cadre) par de fortes traverses. Ces montants mettent leurs pieds en des sabots de fonte fixés au plancher par trois vis solides ; le fond du sabot dans lequel le montant va se chausser est garni de rondelles de moquette pour atténuer mieux encore les trépidations.

« De fait, la couchette reposant par ses deux extrémités sur deux barres de fer transversales ne peut subir aucun des balancements d'escarpolette auxquels sont sujets, malgré l'arrimage le plus soigneux, les systèmes à ressorts et à cordes, — dans le brancard supérieur surtout.

« Les quatre cadres placés aux quatre angles du wagon dans le sens de la longueur, mais *indépendants de la paroi*, ce qui est judicieux, portent chacun deux couchettes superposées, soit 8 blessés par voiture avec espacement d'un mètre en hauteur entre les deux couchettes et allée médiane de 1 m. 50.

« La ventilation est assurée par les deux portes des extrémités du wagon, deux fenêtres latérales de 0 m. 60 sur 0 m. 40, un lanterneau vitré en saillie de toiture, long de 1 m. 60 sur 0 m. 90 de large et 0 m. 50 de hauteur, enfin par une trappe de plancher (carré de 30 centimètres de côté) servant d'exutoire, mais pouvant faire ventouse si besoin était. En ajoutant deux filets de plafond pour les effets, des plaques mobiles de tôle avec garde-fous (communication de wagon à wagon) se refoulant sur eux-mêmes en cas de choc et suivant le mouvement du tampon, on a l'œuvre complète de la Compagnie de l'Ouest.

« Voyons l'aménagement hospitalier par le 7ᵉ Directeur : Le couchage est le matelas de laine avec draps et couverture grise ; sur le lit, vêtements d'hôpital, pantoufles ; sur le support en bois, pot à tisane, verre, crachoir. A contre-quai, balais, poêle, vase à charbon, vase à clapet, urinoir, une manne en osier pour les écuelles, des pliants pour MM. les infirmiers.

C'est un peu encombré et le train lui-même alourdi d'annexes de représentation. Il y a, de ce chef, un wagon dépense, un wagon cuisine avec fruiterie, épicerie, liqueurs, vins en bouteilles et des fourneaux qu'envieraient beaucoup de nos hôpitaux militaires, un wagon lingerie, arsenal chirurgical et surtout pharmacie (qui nous paraît armée de pied en cap avec 139 articles dont bien des choses : de l'eau de laurier-cerise, du fer réduit, des éponges à la ficelle, un pilulier de 25 cannelures, etc.), un wagon de médecins, un wagon d'infirmiers, un wagon pour le linge sale, cela fait 6 voitures-annexes (perte de force vive) sur 23.

C'est beaucoup (1).

Il nous semble qu'un wagon (dépense, cuisine, tisanerie), un wagon (linge, quelques flacons, arsenal et un lit de médecin, avec sommier et ses jolis rideaux gris) suffiraient.

Il ne faut pas perdre de vue qu'à 40 kilomètres à l'heure, le plus long parcours n'excèdera pas 12 à 15 heures avec arrêt toutes les 10 lieues en des gares soigneusement munies par la *Commandature d'étapes*, de buffets, d'ambulances et de halte-repas, où l'on pourra se ravitailler facilement, faire même des commandes par télégraphe.

En pratique, pour ces blessés et malades couchés — donc graves — il y aura toujours plus à faire boire qu'à faire manger ; de la tisane et du bouillon sont un menu insuffisant pour les gens du monde, mais bien à l'usage des fébrilitants. Ce retranchement d'annexes laisserait 4 wagons disponibles pour les malades, — soit 32 blessés couchés à transporter en plus.

---

(1) Cuisine, couchettes, ressorts et attelages spéciaux, arsenal, pharmacie elle-même, tout est remisé en magasin après essai et le train disloqué jusqu'à résurrection de guerre. Coût d'aménagement sanitaire, frais de garde et de remise en état compris, 74,000 francs.

Or, il n'y a pas à se faire d'illusion : avec les levées de millions d'hommes, c'est le plus large transport possible qu'il faut viser, — il y aura toujours plus de blessés que d'élus.

Et c'est cette affluence prévue — d'engouffrement, pour ainsi dire — qui rendra de pratique plus journalière les **trains improvisés**, ayant l'avantage d'être aux deux fins d'évacuation et de ravitaillement, de faire retour vers la base d'opérations avec des troupes, des munitions de guerre ou de bouche.

Mais pour ce double rôle, deux conditions sont nécessaires : une improvisation rapide, une désinfection rigoureuse.

Le système modifié du colonel d'artillerie Bry, adopté en France, demande 5 minutes de pose et coûte 100 fr. par wagon.

C'est un mariage des systèmes Zawodowsky et Léon Le Fort. 2 traverses de bois flexible (Zawodowsky), dans lesquelles se chaussent solidement les 2 hampes de 3 brancards espacés dans la longueur, sont fixées aux parois du wagon par des crochets (ressort à boudin, L. Le Fort).

Il y a conjugaison de l'élasticité de la perche de bois et de celle du ressort qui comme tous, il est vrai, se fatigue, vieillit et s'allonge, une courroie de brelage fortement mordue dans le plancher, doit s'opposer aux oscillations latérales.

Ce système d'artilleur, qui est un peu regardé par la Médecine comme un délit de chasse sur ses terres, a des points faibles certes ; il n'évacue que 6 blessés, secoue malgré le brelage et demeure de chargement assez difficile.

Ses qualités atténuantes sont le bon marché, les blessés placés sur un seul étage, surtout la simplicité d'organisation qui permet un désencombrement fort rapide (1).

---

(1) Le temps est un facteur, il faut s'attendre dans ce que nous appellerons les « crises d'évacuation » à se voir obligé par encombrement à placer les brancards ou même les blessés sur un épais lit de paille.

Il convient peut-être, de crainte d'erreur judiciaire, de ne condamner que sur preuves de guerre. Elles seront amplement faites puisqu'il existe en magasin un approvisionnement Bry pour 30,000 blessés.

CHAPITRE IX

Dissémination par voies ferrées (2ᵉ PARTIE).

3ᵉ variété de trains sanitaires (voitures de voyageurs de 3ᵒ classe). — Personnel et matériel des trains d'évacuation. — Embarquement des blessés. — Soins pendant la marche. — Remise au directeur sanitaire régional. — Répartition. — Désinfection des wagons par la vapeur surchauffée. — Infirmeries de gare. — Stations-magasins. — Réapprovisionnement de matériel sanitaire.

A ces 2 variétés de trains *permanents* (répartis entre les différentes armées) et *improvisés*, tous deux spéciaux aux blessés *couchés*, s'adjoignent les trains *ordinaires* de voitures de voyageurs de 3ᵒ classe (*assis*).

Quelquefois il y aura, suivant fortune d'arrivage, des trains mi-ordinaires, mi-improvisés ; ce sera à l'initiative du médecin-chef de saisir en flagrant délit ces occasions et de faire au mieux de ses blessés.

Personnel technique des trains fourni par l'hôpital d'évacuation : en moyenne 2 médecins, 1 médecin auxiliaire, 1 officier d'administration, 4 infirmiers de visite, 34 d'exploitation, 1 commis aux écritures.

Matériel (12 caisses, 64 ballots, 4,083 k., 213 pansements) : couchage pour 200 malades, 200 brancards, 200 enveloppes à matelas en toile, petites, destinées à capitonner les brancards (note ministérielle du 10 octobre 1887), 200 enveloppes pour paillasses, 200 couvertures de laine grise.

Médicaments (cordiaux) : alcoolé de mélisse et de cannelle ; — (anti-douloureux), chloroforme, chlorhydrate de morphine, 1 tourniquet de J.-L. Petit ; 6 k. de charpie bichlorurée, 2 k. boriquée et phéniquée (20 novembre 1886).

Matériel à l'usage des malades : Crachoirs, gobelets, pots à tisane, seaux d'aisance, bassins de lit et urinoirs (de chaque, 25). On aura beaucoup de blessés graves pour lesquels tout déplacement, même limité, se vengerait d'une aggravation fébrile.

Le médecin-chef de train sera choisi vigoureux et actif, il est responsable de tout ; il est chez lui (avec droit d'un chef de corps transporté avec sa troupe) ; il donne décharge sur le bon de chemin de fer à chaque changement de réseau et à l'arrivée (Transports militaires en chemin de fer, art. 156).

1° *Installation.* Le transport se fera sur les brancards mêmes du train, de façon à ce que si un transbordement est forcé (exceptionnel) il se fasse à l'hôpital d'évacuation et non à quai.

2° *Soins pendant la marche.* L'énorme défaut des trains improvisés est, avec le matériel actuel, la non-communication des wagons, ce qui limite aux arrêts les soins d'urgence.

Pour cette raison (comme nous l'écrivions en 1883 (1) et comme le Règlement l'a gravement réglementé en juillet 1886), on réunira dans un même wagon les blessés les plus graves.

Aux gares d'arrêt (changement de machine, prise d'eau, halte-repas), on passera une revue dévouée et touchante de ces soldats tombés pour vérifier les appareils, rafraîchir les pansements, faire boire (bouillon ou tisane), changer les bouillottes ou bouteilles d'eau de chauffage, laisser en gare les fatigués se montrer à tous, ce qui n'est pas sans soutien moral.

3° *A l'arrivée.* Suivant répartition faite à la station *tête d'étapes de guerre* (la plus proche de l'ennemi), et autant que possible non remaniée à la station *point de départ d'étapes* (la plus éloignée (T. M., art. 153), faire remise des malades, se réapprovisionner et repartir au plus vite.

Il faut toujours, ce qui sera vrai bien souvent, se croire impatiemment attendu. Les wagons seront de

______

(1) *Aide-mémoire du Médecin auxiliaire de l'Armée* (2° édition). Paris, Ollier Henry, 1863, p. 94.

suite désinfectés par les soins du Service de santé des points d'arrivée (Transports Militaires en chemin de fer, art. 157) (1).

Infirmeries de Gare.

Placées, en général, dans les gares de bifurcation à buffet ou stations haltes-repas pour pouvoir alimenter (en zone d'étapes par ordre du directeur d'étapes, plus à l'intérieur par l'administration centrale).

Leur but essentiel est de rafraîchissement et restauration.

On pourra y détacher fortuitement quelques aggravés jusqu'à leur conduite dans un hôpital local ; en ce cas, la feuille d'évacuation reçoit les remaniements obligés (art. 16).

Personnel (Armée territoriale ou Société de la Croix-Rouge), 1 médecin-chef, 1 auxiliaire, 1 comptable, 13 infirmiers de visite ou d'exploitation.

Matériel 18 caisses, 46 ballots, 7,360 kilog., 3,210 pansements, 50 couchettes en fer, 10 brancards, en moyenne de quoi subvenir aux besoins de 50 malades pendant 3 mois.

Locaux, 1 salle de malades et ou marché passé avec le buffetier, ou 1 cuisine-tisanerie et 1 réfectoire.

Le Commissaire militaire de la gare reçoit chaque jour du Directeur de santé territorial un état des places vides de ses hôpitaux de la région (art, 115).

Le directeur ou son délégué (art. 117) prennent charge de l'évacuation en gare et donnent les destinations et soins immédiats.

Ravitaillement des Formations sanitaires.

A la *Station magasin* de chaque armée il y a un dépôt de remplacement de matériel du service de santé (art. 119), comprenant des unités ou sous-unités collectives

---

(1) Par vapeur de locomotive, la chaleur humide à 110° détruit mieux les spores que la chaleur sèche à 150° ; à défaut, brosser les parois avec solution phénique à 5 0/0 ou bichlorurée à 4/000. La désinfection thermique qui court au moindres joints et fissures sera toujours préférée.

ou des objets isolés, des tentes-baraques pour 2 corps d'armée, des *réserves de pansements* pour 100 malades (1 caisse, 6 ballots, 422 k), des *réserves de médicaments* pour 100 malades (4 caisses, 400 k.).

Les demandes de réapprovisionnement doivent être adressées en *double expédition* au Directeur du corps d'armée, qui transmet au médecin-Directeur d'armée, lequel envoie une expédition au Directeur d'étapes, lequel assure, etc. (art. 123).

C'est bien long, quoique hiérarchique.

Le plus sûr, *au contact*, pour ne pas faire banqueroute au blessé, ce qui est l'essentiel, sera la réquisition.

Surtout dans ces questions de réapprovisionnement, il faut, en vue du bien pratique, bannir le formalisme, s'entr'aider et ne pas faire une forteresse de ses attributions (1).

CHAPITRE X

*Direction de santé territoriale pendant la guerre. — Hôpitaux **militaires** et **militarisés**. — Service régimentaire et de recrutement. — Société de secours aux blessés. — Union des Femmes de France. — Association des Dames françaises. — Fonctionnement.*

Dès le départ du Corps d'armée mobilisé, le service de santé de chaque région est assuré par un Directeur territorial qui prend le commandement sanitaire des

---

(1) Il nous paraît peu utile de traiter du service de santé des sièges, des guerres de montagnes ou coloniales, il suffit d'adaptations simples.

Disons seulement que le matériel dit *Infirmerie de fort* est calculé sur une garnison de 500 hommes, que le médecin-chef remplit auprès du gouverneur de forteresse les fonctions de directeur de santé de corps d'armée avec avis consultatif au Conseil de défense.

Il propose les mesures d'exécution qu'il juge nécessaires décret du 4 avril 1887.

L'hygiène rigoureuse, la revaccination aussi rapide que possible des troupes de la garnison n'appartenant pas à l'armée active (décision du 14 janvier 1887), la prévention des épidémies, les emprunts au personnel technique local qui a expérience de sa Climatologie s'imposeront sur ce champ de bataille — permanent.

hôpitaux militaires et militarisés (les hôpitaux d'eaux minérales sont transformés en hôpitaux militaires ordinaires), des hôpitaux temporaires, auxiliaires des Sociétés de secours, des ambulances locales, des régiments et du Recrutement.

Il a autorité étendue sur le personnel des médecins et des pharmaciens militaires, et depuis le décret du 11 février 1887, sur celui des officiers d'administration et infirmiers ; sur le matériel des hôpitaux et ambulances.

Il devra surtout veiller aux contingents lui arrivant des grandes agglomérations d'hommes, du Champ de bataille, les inspecter, isoler et désinfecter.

Un certain nombre de médecins territoriaux devant faire à l'intérieur le service des hôpitaux militaires ou militarisés, il importe — bien que tout y soit de moindre responsabilité et difficulté qu'à l'avant — d'en dire quelques mots.

Dans les HÔPITAUX MILITAIRES (5 classes) — effectif d'infirmiers variant de 53 (1ʳᵉ classe) à 21 (5ᵉ classe), 1 infirmier par 3 officiers, 5 sous-officiers ou 8 soldats malades — le médecin-chef (du cadre ou territorial) a tous les attributs d'un chef de corps, fait le rapport, a un registre d'ordres, un cachet, punit ou propose pour les récompenses, accorde les permissions, arrête le *tableau de service journalier*, etc.

Il dépend : 1° du Commandement territorial (général ou commandant d'armes) au point de vue du service général, et lui rend compte de tout événement de marque survenu dans l'hôpital (art. 31) ;

2° Du médecin directeur territorial de la région au point de vue technique ; il lui adresse *tous les jours* un état des malades ; *tous les mois* un état statistique, l'avise de toute épidémie, mutation, des besoins en matériel ou personnel (1).

HÔPITAUX MILITARISÉS. — Grâce à la loi sur l'*Organisation des services hospitaliers de l'Armée* (rapporteur, docteur Marmottan), le médecin de régiment (territorial

____

(1) Une affiche dans le Bureau du médecin-chef donne les détails, titre, dates, formes et format d'une correspondance qui ne laisse pas de prêter à des simplifications.

ou actif) soigne *ses* hommes dans une ou deux salles, dites *militaires,* de l'hôpital civil de la garnison.

Les détails d'aménagement, main-d'œuvre, prix de journée, nombre d'infirmiers, dépendent des ca hiers des charges locaux, dont exemplaire est remis au médecin-chef.

Les visites, contre-visites, distributions, octroi des congés de convalescence, réforme n° 1 et 2, retraites, signature des relevés, contrôle et réception des denrées (pain, viande), états, correspondance, droits et devoirs, sont identiquement les mêmes que dans les Hôpitaux militaires.

On y relève — identiquement — du médecin territorial Directeur du corps d'armée, et disciplinairement de l'autorité militaire locale.

Il importe de se montrer très respectueux, religieusement obédient et d'une déférence de bon goût vis-à-vis du Commandement, toujours exercé avec tact.

Une note ministérielle récente (9 décembre 1886) vient d'accorder la franchise de correspondance de service (sous bandes) dans la région du corps d'armée entre les médecins-chefs d'hôpitaux annexes et ceux des hôpitaux centraux. Cette franchise (postale et télégraphique) existe toujours de médecin-chef à Directeur de santé régional.

Soit dans le service d'Etapes, soit à l'Intérieur, les médecins de réserve ou territoriaux rencontreront à chaque chevet le personnel inépuisablement dévoué et le confortable matériel des trois Sociétés de Secours autorisées et réglementées pour le service de guerre.

Il nous appartient d'en faire l'éloge, qui est dans tous les cœurs autant que dans toutes les bouches. En Tunisie, au Tonkin, à Madagascar, elles ont élevé leur dévouement pour le soldat jusqu'à une familiale sollicitude.

Elles sauraient l'élever ailleurs.

L'Armée garde souvenir de ces mères d'adoption du blessé, « Femmes de France et Dames Françaises », qui semblent montrer — en vraies mères — d'autant plus de tendresse bénie que leur « enfant de France » est plus éprouvé et meurtri.

1° ***Société de secours aux blessés*** (décret du 3 juillet 1884);

MM. Maréchal de Mac-Mahon, de Beaufort, Dr Riant, Dunant, de Cazenove, Vernes d'Arlandes, de Vogué, Ellissen, Benoist-Champy, généraux Cambriels, Boissonnet, Péan, Drs Larrey, de Mussy, Ricord, etc.

Comités de l'Est. — MM. Keller, Perot, Merendet, Olry, de Montagnac, Marlier, Bornot, Delavelle, Noirot, Tagant, colon^{el} Grébus, etc.

2° ***Union des Femmes de France***, reconnue d'utilité publique le 6 août 1882, réglementée au point de vue du service de guerre le 21 décembre 1886;

Mesdames Kœchlin-Schwartz, Dutilleul, Brun, Grenier, About, de Montaut, Resal, Perissé, Lebrasseur, Napias, Jourde, Laussedat, Dubrisay, Dislère, etc.

Drs Rochard, Bouloumié. *Comités de l'Est* : Mesdames Delius, de Pierrebourg, Dejean, Jeanmaire, Cordier, Dollot, Goudchaux, Parguez, Parisot.

Tous les établissements créés par les Sociétés de secours sont uniformément placés, au point de vue de l'hygiène et de la direction du service, sous l'autorité du directeur de santé de la région.

Le personnel ne peut créer ou former d'hôpital et prendre aucune mesure sans l'assentiment du commandement et du directeur régional de santé, qui leur délivre les brassards avec numéro répété sur une carte nominative à présenter à toute réquisition.

Un costume spécial peut être attribué à ce personnel, entièrement de nationalité française et dont le principal but est de créer des hôpitaux auxiliaires et de recueillir des dons, pour lesquels un local spécial est réservé dans les *stations-magasins* d'armée.

Attributions, costume, subordination de ces touchants volontaires du dévouement sont, avec toute notre Réglementation sanitaire, beaucoup imités du Service de santé allemand.

3° *Association des Dames françaises*, règlementée pour le service de guerre, par décret du 16 novembre 1886.

Mesdames Foucher de Careil, amirale Jaurès, Wurtz, Avril, Charpentier, de Lesseps, Cavaignac, Clinchant, Faidherbe, Jauréguibéry, Bozérian, Binot, Faure, Robert, Lagorce, de Castex, Poubelle, etc.

Drs Duchaussoy, Gruby, Pruvost, etc.

On va croire en lire un résumé, avec cette nuance toutefois qu'en Prusse on paraît moins fermé même en 1re ligne aux dévouements volontaires et que le concours des Sociétés de secours y semble accepté d'une façon moins discrète.

Il n'y aura jamais à certaines heures, trop de secours et de secourus.

CHAPITRE XI

Service sanitaire de guerre de l'Allemagne.

Conclusions.

Régiments d'infanterie. — 6 médecins : 1 médecin-major supérieur, 1 major, 4 assistants, 12 aides de lazareth (*lazareth gehülfen*), 1 par compagnie rang de sous-officier, le sous-aide de lazareth à le grade d' « appointé », tous avec brassard de Genève.

48 brancardiers régimentaires (1) *Krankenträger*, 4 par compagnie avec simple brassard rouge, 6 havre sacs à bandages, 12 sacoches d'infirmiers, 3 voitures médicales régimentaires avec croix de Genève et peintes en bleu (les autres voitures en gris).

Tel est le personnel-matériel du *Verbundplatz*.

Le *Sanitatz détachement* (ambulance), 3 par corps d'armée, 1 par division d'infanterie, 1 de réserve à la

____

(1) 10 0/0 environ des sabres-baïonnettes ont des dents en scie au dos de la lame, très pratiques pour débit de branchages, caisses, etc.

disposition du commandant en chef comprend : 7 médecins, 8 voitures pour transport des blessés, 2 voitures sanitaires (chargement 400 kilogr.), 2 à bagages avec chacune 2 tentes de pansement, 1 de cantinier.

Au total 13 voitures, toutes à 2 chevaux pesant vides en moyenne 700 kil. 1 aumônier monté par division d'infanterie, 1 à l'artillerie, 1 à la cavalerie, total 4 par corps.

Le détachement sanitaire installe l'*Emplacement de pansement principal*.

Les brancardiers d'ambulance mêlés souvent aux brancardiers régimentaires, apportent les blessés, les hissent sur les voitures, prennent un nouveau brancard et retournent au feu (1).

Le train conduit les voitures à l'*Haupt-Verbandplatz* d'où après soins médicaux, ils sont évacués au plus tô sur le *Feldlazareth* le plus voisin, que le médecin général directeur du corps d'armée a fait avancer au plus près.

Les blessés légers sont réunis sur des points choisis (lieux de rassemblement de « *petits blessés* ou *petits malades* »), d'où après quelque repos ils sont dirigés à pied sur le gîte d'étapes le plus rapproché.

Le *Feldlazareth* (hôpital de campagne) donne les soins médicaux proprement dits aux blessés des deux premières formations qui ne sont que des couloirs.

5 médecins dont 3 du cadre actif (1 major supérieur, 1 major, 1 assistant, 9 aides de lazareth, 13 infirmiers, 20 soldats du train, 6 voitures (le tout se subdivisant en 2 sections).

Il y a au total 165 médecins par Corps d'armée sous les ordres du médecin directeur général assisté d'un médecin consultant civil nommé directement par l'Empereur et de haute notoriété scientifique.

Le *Feldlazareth* immobilisé passe sous les ordres de la commandature d'étapes et du médecin inspecteur

---

(1) 1 médecin conduit les brancardiers au feu. Il y a eu en 1870 29 médecins allemands tués ou morts des suites de leurs blessures, dont 12 médecins-majors supérieurs, 10 majors de 2e classe, 7 aides-majors.

d'étapes, qui a près de lui une commission de transport des malades formée de 6 médecins pouvant
se scinder en 3 sections de 2 pour organiser un *lazareth
d'évacuation*.

Il y a 3 variétés de trains sanitaires.

Pour BLÉSSÉS COUCHÉS

Trains dits de lazareth (permanents),
Trains dits de lazareth auxiliaires (improvisés).

ASSIS

Trains de malades (voitures de voyageurs).

On trouve en arrière des stations de rafraîchissement,
de pansement et de réapprovisionnement qui elles-
mêmes s'approvisionnent aux stations de rassemblement.

Sur le territoire les lazareths normaux organisés deviennent des lazareths de réserve et reçoivent les blessés ; il y aussi des lazareths de forteresse avec des médecins chefs de places fortes et de garnisons principales.

Auprès de chaque commandant de corps d'armée intérimaire (territorial) est un médecin général de corps
d'armée intérimaire qui organise le service sanitaire de
la région.

Les Sociétés de secours ont un inspecteur militaire
délégué au grand quartier général auprès de l'inspection
générale d'étapes et du directeur sanitaire d'armée —
au-dessous il y a des délégués près de chaque inspection d'étapes.

Ils organisent des lazareths de réserve spéciaux (*Ve-
reins-lazarethe*), convoient les évacuations, fournissent
le personnel médical de remplacement. reçoivent des
dons, donnent des nouvelles aux familles.

Un ordre de cabinet (4 janvier 1883) leur a donné un
costume (tunique avec manteau de drap gris, boutons
nickelés) et même, par autorisation exceptionnelle du
commandant d'armée, des hospitaliers volontaires peuvent être joints aux ambulances *(sanitats, détachment)*,
mais subordonnés au médecin chef, ne pouvant s'en sé-
parer sans autorisation, soumis aux lois et à la discipline
militaire.

Synoptique des différences de Fonctionnement sanitaire Franco-Allemand.

ALLEMAGNE	FRANCE
6 docteurs par régiment d'infanterie.	3 docteurs, 3 étudiants en médecine (méd. auxiliair.)
12 aides de lazareth ayant rang de sous-officiers.	12 infirmiers.
Ambulance. — 13 voitures à 2 chevaux, dont 8 de transport sanitaire portant 32 blessés graves couchés, 56 brancards. Ni cacolet, ni litière, ni voitures à 2 roues.	21 voitures dont 10 (4 à 2 chevaux, 6 à 1 cheval) de transport sanitaire avec 23 blessés couchés seulement, 30 paires de cacolets, 10 de litières, 33 mulets, 6 voitures à 2 roues sur 10.
7 médecins.	6 médecins.
4 aumôniers montés par corps d'armée.	6.
Pas.	1 Ambulance de brigade de cavalerie par corps d'armée.
Hôpital de campagne. — 5 médecins, dont 3 du cadre.	6.
9 aides de lazareth, 13 infirmiers. 6 voitures.	14 infirmiers de visite, 29 infirmiers. 10 voitures.
Médecin consultant civil.	Pas.
Hopitaliers volontaires pouvant être attachés même aux ambulances par ordre du Commandant d'armée.	Rélégation absolue des Sociétés de secours au service de l'*Arrière.*
Paquet de pansement du soldat (*Verband packchen*).	Pas.
Cours de perfectionnement pour médecins militaires portant sur les progrès récents de la chirurgie de guerre (Berlin, Breslau, Strasbourg).	Pas.
Fusion des médecins de réserve et territoriaux (landwehr) en une réserve unique dite *Beurlaubtenstand.*	S'imposera et semble accepté en principe par le règlement qui assigne à l'hôpital d'évacuation et même à l'hôpital de campagne des médecins de réserve *ou* territoriaux.

Ce tableau est tout un commentaire.

Il semble qu'on eût mieux fait de calquer le Règlement prussien que de le recevoir à tempérament et de faire des retouches d'une banalité facile.

Dégageons de ces améliorations plus voulues que réussies la responsabilité de la septième Direction actuelle et nouvelle qui a trouvé là, par le fait de deux prédécesseurs, le Règlement mal copié, les 21 voitures d'ambulance, le matériel suranné des cacolets et litières, les voitures à deux roues et à un cheval, la non-création des *aides de lazareth*, ces sous-officiers de santé de carrière, l'article 275, titre IV du projet de loi organique militaire dotant d'une solde journalière de 7 fr. 30 les agrégés de nos Facultés et de 10 fr. les premiers cliniciens de Paris et de province avec les grades de lieutenant et de capitaine coutumiers d'âge plus tendre et d'études moins poursuivies.

L'Inspecteur Dujardin-Beaumetz a déjà remédié en partie à cette tentative d'abaissement artificiel qui n'abaissait et ne relevait personne (1).

Dans la grande Famille médicale militaire, depuis les jeunes médecins auxiliaires de dix-huit ans, depuis nos distingués confrères de Réserve, de l'Armée territoriale et du Cadre actif jusqu'au professeur courageux qui désertera la clientèle pour la clinique agitée du champ de bataille, tous n'ayant qu'un corps, qu'un uniforme et qu'un cœur, il importe :

Que chacun se pénètre de cette idée que dans l'Est où nous marcherons seuls *pour la première fois* en une grande guerre, il faut que nous marchions bien.

Et que la responsabilité ne nous sera peut-être pas ménagée par l'intendance (ou même les états-majors) avec cette indulgence qui devrait s'attacher aux premiers pas.

---

(1) Le directeur Dujardin-Beaumetz vient de faire décréter avec raison l'extension du programme d'examen des médecins auxiliaires, la suppression des pharmacies auxiliaires et surtout l'appel au stage de 260 médecins de l'armée territoriale, le rétablissement du sac d'ambulance 23 avril 1888). (V. p. 16.)

TABLE ALPHABÉTIQUE

Paris. — Imp. J. Kugelmann, 12, rue Grange-Batelière.

286

HISTOIRE

D'UNE

COMPAGNIE D'INFANTERIE

TERRITORIALE

Avant, pendant et après une campagne

———

Un volume de près de 200 pages
accompagné **d'une carte** pour suivre les opérations.

PRIX EN LIBRAIRIE, **5 francs.**

———

Nous ferons parvenir ce volume **franco** à nos
abonnés nouveaux et à nos abonnés anciens, qui nous
en feront la demande, *au prix de* **1 franc.**

C'est donc un véritable sacrifice que s'impose le
journal, et il est superflu d'insister sur l'utilité d'une
elle prime pour tous les officiers de réserve et de
l'armée territoriale.

**L'Histoire d'une Compagnie d'infanterie
territoriale** forme, en effet, non seulement un cours
de tactique élémentaire, mais un véritable aide-mémoire de campagne, indiquant toutes les opérations de
la mobilisation, les ordres à donner, les précautions à
prendre, etc., etc.

L'ARMÉE TERRITORIALE

(15e ANNÉE)

Journal hebdomadaire paraissant le Samedi

ABONNEMENTS

PARIS		DEPARTEMENTS
Un an .... 10 fr.		Un an .... 12 fr.
Six mois .... 6 fr.		Six mois .... 7 fr.

RÉDACTION ET ADMINISTRATION

12, rue de la Grange-Batelière, à Paris.

L'ARMÉE TERRITORIALE publie toutes les **Nominations** et **Promotions** concernant les **Officiers** de l'armée active, de l'armée territoriale et les **Officiers de réserve de toutes armes**, toutes les **Circulaires**, tous les renseignements et documents pouvant les intéresser : stages, revues, inspections, **Convocations, Grandes manœuvres,** etc.

La rédaction est à la disposition des Abonnés pour leur fournir, verbalement ou par lettre, tous les renseignements dont ils peuvent avoir besoin : Promotions, Convocations, Appels, Bataillons scolaires, Tir, Tenue, Permutations, etc.

L'ARMÉE TERRITORIALE est le seul journal qui s'occupe spécialement des **Officiers territoriaux** et des **Officiers de réserve**, ce qui lui permet de traiter avec tous les développements nécessaires les questions intéressant spécialement ces officiers.

PRIMES AVANTAGEUSES

Tout abonné a droit à une série d'annonces gratuites

Paris. — Imp. J. Kugelmann, 12, rue Grange-Batelière.

www.ingramcontent.com/pod-product-compliance
Lightning Source LLC
Chambersburg PA
CBHW061415060726
47597CB00003B/1060